天地外國經典文庫

Psychologie des Foules

烏合之眾

——群體心理學

[法] 古斯塔夫 · 勒龐 著
Gustave Le Bon

陸泉枝 譯

總序

香港是中西文化薈萃之地，文化以多元為主要特徵；人們讀的，既有四書五經、唐詩宋詞、胡適陳寅恪，也有聖經和莎士比亞、培根和狄更斯。香港文化發展史的重要內容是文化交流史。所謂文化交流，就是研究和介紹由外國先進思想衍生的普世價值，以及各國的優秀文學作品，作為發展本地文化的借鑒。用著名學者錢鍾書先生的話來説，就是「東海西海，心理攸同；南學北學，道術未裂。」[1] 翻譯家傅雷先生在〈翻譯經驗點滴〉一文中説：「中國人的思想方式和西方人的距離多麼遠。他們喜歡抽象，長於分析；我們喜歡具體，長於綜合。」[2] 可見，同為人類，中國人和西方人「心理攸同」；作為不同人種，他們的思維方式各有短長。香港各大學設英國語言文學系、翻譯系、比較文學系，文學院有歐洲和日本研究專業，目的就在於此。在這方面，香港有着足以驕人的成就。

茲舉一例。有學者考證，俄國大作家列夫．托爾斯泰作品最早的中譯本《托氏宗教小説》就是香港禮賢會出版的（時在清光緒三十三年即一九零七年），以此為嚆矢，托翁的著作以後呈扇形輻射到全國各地，被大量迻譯成中文出版，對我國文學界和思想界產生了深遠的影響。[3]

再舉一例，上世紀六、七十年代，香港今日世界出版社聘請了多位著名翻譯家、作家和詩人，如張愛玲、劉以鬯、林以亮、湯新楣、董橋、余光中等，迻譯了一批美國文學名著，其中包括《老人與海》、《湖濱散記》、《人間樂園》、《美國詩選》等書，到九十年代，這批書籍已成為名譯，由內地出版社重新印行，對後生學子可謂深致裨益。

為了持久延續這種交流，我們與相關專家會商斟酌，擬訂了引進「外國經典文庫」的計劃，盡可能蒐集資深翻譯家中譯外國文化（包括文學、哲學、思想、人文科學）經典的新舊版本，選粹付梓，給廣大讀者提供閱讀和研究參考的方便。所謂經典，即傳統的權威性著作。它們古今俱備，題材多樣，以恢宏、深刻、精警見稱，在文學史、哲學史、思想史上具有崇高地位，迥異於坊間流行的通俗讀物。先期分批推出的二十種名著，簡述如下：

希臘哲學家柏拉圖的《對話集》，既是哲學名著，也在美學領域佔有重要地位，開了散文史上論辯文學的先河。

《莎士比亞十四行詩集》是西洋詩歌史上最深宏博大的十四行詩集。

愛爾蘭小說家喬伊斯短篇集《都柏林人》，由傳統走向革新。這位二十世紀最重要的作家之一，以其代表作、意識流長篇《尤利西斯》奠定了現代派文學的基礎。

英國女作家伍爾夫是運用「意識流」手法進行小說創作的先驅。她的長篇小說《到燈塔去》，以描寫人物內心世界見長，語言富有詩意。

勞倫斯是上世紀最具爭議的英國小說和散文家。他畢生以四海為家，著名的意大利遊記選《漂泊的異鄉人》，對當地風土人情的描寫繪影繪色，《不列顛百科全書》盛讚為具有「畫的描繪、詩的抒情、哲理的沉思」。

英國小說家赫胥黎的長篇《美麗新世界》，與奧威爾的《一九八四》、俄國作家扎米亞金的《我們》，被譽為文學史上三部最有名的反烏托邦小說。

奧威爾的《動物農場》與《一九八四》同為寓言體諷刺小說名著，在現代外國文學史上迄今仍享有盛名。

英國小說家毛姆的長篇《月亮和六便士》，以法國印象派畫家高庚為人物原型，刻劃的角色人情練達，冰雪聰明，筆致輕鬆流麗，幽默感人。他的另一小說《面紗》，雖非代表作，卻是以香港為背景的經典，而且二零零七年經荷里活改編為電影（譯名《愛在遙遠的附近》），頗值得注意。

小說家歐·亨利的《最後一片葉子》是膾炙人口的短篇集，作者堅持傳統寫作手法，享有「美國短篇小說創始人」之譽。

美國作家海明威的中篇小說《老人與海》，因「精通敍事藝術以及對當代風格的有力影響」榮膺一九五四年諾貝爾文學獎。他上世紀長居巴黎時構思的特寫集《流動的盛宴》，體裁略有不同，表現了含蓄凝練、搖曳生姿的散文風格。

法國存在主義小說《鼠疫》和《局外人》，冶文學和哲理於一爐。作者加繆與同為存在主義作家的薩特齊名，是一九五七年諾貝爾文學獎得主。

意大利作家亞米契斯的兒童文學作品《愛的教育》，早年由民初作家夏丏尊從日譯轉譯為中文，是當時傳誦一時的日記體文學作品；夏氏是我國新文學的優秀散文家，譯文暢達，此書初版迄今，在兩岸三地屢屢重版。

作為西方現代派文學鼻祖，奧國作家卡夫卡的小說《變形記》，荒誕離奇，寓意深刻，揭示了社會中的各種異化現象。

風格大不相同的兩位日本作家的作品：被譽為「日本毀滅型私小說家」代表人

物太宰治的《人間失格（附〈女生徒〉）》；與川端康成、谷崎潤一郎等唯美派大家齊名的永井荷風的散文集《荷風細雨》入列，為文庫增添了東方文學的獨特風采。《泰戈爾散文詩選集》雖然詩制精悍短小，但給予中國早期新詩的影響，我們卻可以從胡適、徐志摩、冰心等人的小詩中窺見它的痕跡。

考慮到歷史、語言和讀者熟悉與接受程度等原因，以上品種還較集中於英美日經典，其他如古希臘羅馬、印度、德、法、意、西班牙、俄羅斯乃至別的亞洲、非洲、拉丁美洲國家的精品尚待增補。我們希望書種得以逐年擴大，使「文庫」成為一套覆蓋寬廣、姿彩紛呈的外國文學寶庫，更有力地促進本地文化與世界各國優秀文化的廣泛互動，加速新時期本地文化的向前發展。

末了，對於迻譯各書的專家和結合本地實際撰寫導讀的學者，謹此表示由衷謝忱。

天地外國經典文庫編輯委員會

二零二一年一月二十日修訂

註釋：

[1]《談藝錄·序》，中華書局（香港）有限公司，一九八六年版。

[2]《傅雷談翻譯》第八頁，當代世界出版社，二零零六年九月。

[3] 戈寶權〈托爾斯泰和中國〉，載《托爾斯泰研究論文集》，上海譯文出版社，一九八三年版。

目錄

中篇　群體的觀點與信仰

下篇　不同群體的分類與描述

導讀

在個人與群體之間擺盪

法國社會心理學家古斯塔夫·勒龐的《烏合之眾》在世界享負盛名，是心理學的經典著作之一。自一八九五年出版至今，已譯成了超過二十種語言，流傳甚廣，影響極大。二零一零年被法國《世界報》列為「改變世界的二十本書」之一。勒龐是一個善於發現問題的人，他在書中探討群體和群體心理的特徵，至今仍為人津津樂道。這本小書雖然已出版超過一百年，但依然是進入相關課題的必讀論著。即使這個範疇的學術研究已有不少新的進展，書中的觀點和理論有商榷餘地，但它能吸引當時和後世的讀者反覆去閱讀思考，已足見它有一定的啟發性；二十一世紀初是具有鮮明的群體特徵的時代，相信讀者從中可以發現它的當代意義。

古斯塔夫·勒龐（Gustave Le Bon），生於一八四一年，卒於一九三一年，是法國社會心理學家、群體心理學創始人。他的著作甚多，如《人體生理學》、《香煙》、《人與社會的起源與發展史》、《法國大革命與革命心理學》、《民族演化的心理學規律》等等多部有關自然科學和社會科學的論著，但奠定其學術地位、影響後世深遠的代表作則是這本《烏合之眾》。連著名心理學家弗洛伊德（Sigmund Freud）也曾評論這本書是當之無愧的名著，並且在其《群眾心理學與自我的分析》一書中探討過勒龐的學說及其得失，可見它的重要地位。

值得一提的是《烏合之眾》此一中文譯名的利弊。它的法文原名為「*Psychologie des Foules*」，而英文譯名則是「*The Crowd: A Study of the Popular Mind*」，原意大概是「群體心理研究」或「大眾心理學研究」，但中文譯本卻習慣上翻譯為「烏合之眾」。此一貶義詞十分容易引起讀者誤解。事實上，作者的態度冷靜和客觀，描述群體的普遍特徵，情感取向與價值批判方面，言詞並不激烈。中譯本命名為「烏合之眾」雖然取巧又微妙，能吸引眼球、牽動情緒，但只能捕捉到群體的部份特質，並不全面；甚至會帶來過於負面的聯想，令人以偏概全。因是之故，閱讀前必須了解這一點，並且調整心態，才能把握清楚本書的內容。

《烏合之眾》全書分為三部份，分別是「群體的精神」、「群體的觀點與信仰」和「不同群體的分類與描述」。「群體」是全書最核心的關鍵詞，由於中譯本書名「烏合之眾」帶來的影響，加上作者在本書下篇曾強調，他討論的焦點是「異質群體」而非「同質群體」，故此不宜把理論胡亂套用到任何情況。讀者應當理解清楚它的概念，切忌望文生義。作者在開篇分辨一般意義及心理學角度之下的「群體」一詞，有着不同的意涵。他指出：「在公共場所偶爾聚集的一千個人，如果沒有任何目標，從心理學角度來看，就不能構成一個群體。」人數多寡並不是界定「群體」的條件，關鍵正在於「群體心理」，而他要探究的也是「群體心理」的特徵。勒龐發現，在群體之中，個體的意識會蕩然無存，群體會有全新的心理特徵，而不是簡單地把個體所擁有的特徵疊加而已。容我以戲謔的方式引入此書，勒龐的群體理論可能否定了中國諺語「三個臭皮匠，勝過一個諸葛亮」的說法。莫說是三個臭皮匠，即使是三個或一千個諸葛亮，也未必勝過一個諸葛亮（甚至是臭皮匠）。此書帶給我此一有趣的反思，與傳統的說法有着不一樣的觀點，這種想法有沒有道理？能否這樣延伸？期盼讀者也能與我一同玩味。再者，人愈多是否等於愈聰明？群體有甚麼特點？容易受到甚麼狀況影響？不同類型的群體又有甚麼特點？諸如此類的問題，書中都有所觸及，讀者可仔細思辨作者提出的理論。

不論個人擁有甚麼人格，多少學識和智力，身處群體之中便很容易被隱沒，進入迷幻、催眠似的狀態，甚至會做出犯罪行為。勒龐觀察過許多事件都可以證明這點，譬如法國巴士底獄獄長德羅內先生的遇害，便是一例。書中引述文獻指出，某個人閒逛到巴士底獄，原只是想看看發生甚麼事而已，但他受到亢奮的人群及群眾的「愛國主義」信念影響，竟做出了殘害他人的行為，甚至在心理上還自以為是種功德。這類犯罪的群體和一般群體都有相似的特徵，如易受暗示、輕信、善惡情感的誇張化等等。讀者反思書中眾多案例之後，理應吸納歷史的教訓。面對群體這種黑洞般巨大的吸力，個體必須時刻警惕，站穩腳步。

在二十一世紀閱讀這本經典之作，自然會想到當下所面對的問題，這當然跟勒龐所身處的時代不盡相同。即使《烏合之眾》在論證方面，通常是作者就自己的觀察和思考總結出一些說法，曾被批評有欠嚴謹，但無可否認的是，書中不乏精闢的洞見，甚至仍能解釋不少時下的現象。群體心理的特徵之所以顯現，「傳染」和「暗示」是其中重要的原因。近年，世界各地都出現了不少社會群眾運動。一個人進入群體以後，不論是哪一種政治立場的異質群體，均有可能出現勒龐所論述的那些心理特徵。群體中的個人很容易喪失獨立意識，取而代之的是無意識人格，而且往往帶有原始人般的熱情和野蠻傾向。理智和情感都容易受到影響，變得衝動和急躁。

例如，聽到虛假或不全面的消息時，會將之想像、填補或扭曲成符合既定立場、群體渴望相信的東西，甚至選擇性地信以為真，並不加思索地傳播出去。這樣的情況同樣也容易見於災難發生的時候。二零一九年，新型冠狀病毒肆虐全球。在疫情之下，群眾也容易聽信謠言，輕易傳播不實訊息。不止在香港，其他國家的群眾也曾出現胡亂搶購糧食和日用品的瘋狂行為。也許出於恐慌，人們在特定的情境之下有了共同的目標和心理傾向，形成群體及其新的特徵。

上述例子，包括群眾運動和災難狀態，在不同的時代都有發生，然而我想特別指出，二十一世紀的網絡媒體和智能技術有了飛躍的突破，群眾的連結形式變得多樣化，不止是速度的加劇，還可能帶來全新的群體形態。值得進一步追問的是，在特定情況下的「網民」、社交軟件中匯集起來的群組用戶是否會算作某種群體？勒龐的論述又是否適用於他們身上？群體心理特徵有沒有另一種新的面貌？這些都有待讀者繼續開發，深入思考作者的理論，嘗試拓展出它的當代意義。

當然，我更期盼讀者了解《烏合之眾》的成就與不足，延伸到學術界的其他新論著，繼續研究有關群體和社會心理學的課題。我相信這些知識會愈來愈重要。當我們認識更多群體的心理特徵時，就可以盡可能提醒自己保持獨立思考，理智行動。

人不可能離群生活，尤其在二十一世紀的人，常常會感到自己在個人與群體之間擺盪。那麼，在群體之中仍能擁有自由意志的人，將會顯得更加寶貴了。

黃國軒

黃國軒，香港中文大學中國語言及文學系碩士。火苗文學工作室創辦人。現為大專兼職講師、編輯、專欄作家，著有《店量人生》。

序言

上一本著作[1]專門描述種族的精神。現在，我們將要研究群體的特徵。遺傳賦予一個種族的所有個體以共同特徵，這些特徵的總和便構成這個種族的精神。然而觀察表明，當這些個體中的一部份人結群行動時，正是由於他們聚合成群，在其種族特徵之外還會出現某些新的心理特徵，而且這些特徵有時還與種族特徵極為不同。

組織群體在民眾生活中歷來扮演着舉足輕重的角色，然而這種角色卻從未像現在這樣重要。群體的無意識行為取代個體的有意識行為，這正是當今這個時代的主要特徵之一。

我曾嘗試以純科學的手段來研究群體這個難題，也就是說力圖另闢蹊徑，而將現有觀點、理論和學說棄置一旁。我認為這是發現真理火花的唯一方法，尤其當涉及的問題像這裏談到的一樣讓人興趣盎然。學者要論證一個現象，就無須考慮自己的論證會觸犯何人的利益。在最近發表的一篇文章中，著名思想家戈布萊・達爾維拉[2]指出，由於我不屬於當代任何學派，所以有時我會反駁所有學派的一些結論。我希望這項新的工作也能獲得同樣的評價。個人從屬於某個學派，就必然要與偏見和立場聯姻。

然而，我有必要向讀者解釋，為何他會看到我從自己研究中得出的結論不同於乍一看人們認為這些研究包含的結論。比如，我注意到群體在智力上極其低下，其中包括精英團體在內，但又斷言儘管存在這種低劣特徵，要干涉它們的組織依然十分危險。

這是因為在對歷史事實詳加審視之後，我始終發現社會組織和人體結構一樣複雜，要讓社會組織在突然之間發生深刻的變化，也絕非我們能力所及。自然有時是激進的，其運作方式卻從未如我們所願，這也是為何熱衷於重大變革對一個民族而言災難最為深重，也不論這些變革在理論上多麼絕妙。只有當變革可以瞬間改變民族的精神時才算有用。然而，只有時間具備這種力量。支配人們的是思想、情感和習俗，這些東西融於我們自身之中。制度和法律是我們精神的外顯，並反映着它的需求。制度和法律源於精神，故而無從將它改變。

不能將社會現象的研究與民眾的研究分開，因為這些現象產生於民眾之中。從哲學上來看，這些現象或許有絕對價值，但在實踐中，它們只有相對價值。

於是，在研究一種社會現象時，應當要從兩個不同的方面對它依次加以考察。人們由此就會看到，純理性的教導往往與實際的教導背道而馳。這種區分幾乎適用於任何材料，甚至物理數據也不例外。從絕對真理的觀點來看，一個立方體、一個圓，都是不變的幾何圖形，由特定的公式嚴格定義。但以我們的肉眼來看，這些幾何圖形可以具有截然不同的形狀。誠然，不同的視角會將立方體看成四面錐或正方形，而圓也可以被看成橢圓或直線；對這些虛構形狀的考察，要遠比考察真實形狀重要，因為這是我們看到而且利用照相或繪畫可以再現的唯一形狀。在有些情況下，虛構比真實更真切。以確切的幾何形狀來呈現物體，只會歪曲物體的本質，並使之變得無法辨認。不妨設想這麼一個世界，那裏居民只能複製或拍攝物體，而毫無接觸它們的可能，那麼他們將很難對物體的形狀樹立正確的觀念。如果有關這種形狀的知識只為少數學者掌握，那麼這種知識的意義也甚是微弱。

研究社會現象的哲學家應當時刻牢記，這些現象除理論價值外，還有其實踐價值，而且從文明演化的角度看，只有後一種價值才具有一定的重要性。倘若認識到這一點，他在對待邏輯分析最初得出的結論時就會更加謹慎。

此外，還有其他理由讓他採取保留態度。社會事實如此複雜，既不可能從整體上加以把握，也難以預見它們相互影響帶來的後果。同時，在那些可見的事實背後，有時似乎還暗藏着成千上萬的隱形原因；那些可見的社會現象似乎是某種無意識巨大力量作用的結果，對此我們的分析常常也難以觸及。我們不妨將這些可以感知的現象喻為「波浪」，它們只從海洋表面映襯着我們所不知的海底激流。從群體的大多數行為來看，它在思維上表現得極為低劣。但在有些行為中，群體似乎又受古人所謂命運、自然、天意等神秘力量的支配，我們將其稱為「亡靈的聲音」。雖然我們不懂它們的本質，但卻不能忽視這種力量。在民族靈魂的深處，有時彷彿存在一種潛在的力量引導着人們。比如，有比語言更為複雜、更富邏輯、更加神奇的東西嗎？如果不是來自群體的無意識靈魂，這種結構如此精妙的東西又源自何方？那些知識淵博的學術人物、最具威望的語法專家也只能找出支配語言的規律，而絕不能創造這種規律。就算是偉大人物的奇思妙想，我們能完全確信都是他們個人的傑作嗎？或許，這些思想由獨立的頭腦創造，然而這些思想誕生的沃土在形成時，裏面無數的塵埃難道不是由群體的靈魂構成的？

或許，群體始終處於無意識狀態，但這種無意識可能正是群體力量的秘密所在。在自然界，完全受本能支配的個體行為異常複雜，對此我們驚嘆不已。理性對人類而言是個全新的事物，而且極不完美，它不足以向我們揭示無意識的規律，更不足以將無意識取代。在我們所有的行為當中，無意識部份比重很大，而理性部份比重很小。目前，無意識仍然作為一種不為人知的力量在發揮作用。

如果我們囿於科學認知狹隘而可信的範圍，而不願步入含混的猜測和徒勞的假設，那我們也只能看到那些可以觸及的現象，並局限於這種認識之中。然而，從觀察中得出的所有結論往往都不太成熟，因為在我們可以看清的這些現象背後，總有另一些我們看得不太明晰，或許在它們背後甚至還有我們完全看不到的其他現象。

註釋：

[1] 這裏指勒龐的《民族演化的心理學規律》（一八九四）。以下不再做註。——譯者

[2] 戈布萊·達爾維拉（Goblet d'Alviella, 1846-1925），比利時政治家，自由黨議員，布魯塞爾自由大學（ULB）宗教史教授兼校長，著有《符號的遷移》（一八九四）。——譯者

引言　群體的時代

當前時代的演變//文明的巨變是民眾思想變化的結果//有關群體力量的現代信仰//這種力量改變了各國的傳統政治//大眾階層如何崛起並發揮他們的力量//群體力量引發的必然後果//群體只會發揮破壞作用//衰敗文明的瓦解有賴群體來完成//對群體心理學的普遍無知//研究群體對立法者和政治家的重要性

文明變革之前出現的重大動盪，比如羅馬帝國的衰亡和阿拉伯帝國的建立，乍一看似乎由政治巨變決定：外族入侵或王朝顛覆。然而，仔細研究這些事件就會發現，隱藏在這些表面原因背後的真實原因，其實往往是民眾思想的深刻變化。那些真正的歷史動盪，並非要以壯觀而暴烈的場面讓我們為之震驚。導致文明革新唯一的重要變化，其實發生在思想、觀念和信仰層面。歷史上那些令人難忘的事件，正是人們隱形的思想變化引發的可見後果。重大事件之所以罕見，是因為沒有任何東西像種族世代傳承的思想根基那樣穩固。

當前的時代處於關鍵時刻，人們的思想正在發生轉變。這種轉變基於兩個核心因素之上。首先是宗教、政治和社會信仰覆滅，而人類文明的所有元素都源於這些信仰；其次是新的生存與思想條件的誕生，這要得益於科學工業的現代發明。

過去的觀念雖已動搖，卻依然十分強大，那些有望取代它們的觀念正在形成，當前時代正處於轉型與無序階段。

對於這個略顯混亂的階段，現在也很難說它終究會演變成甚麼模樣。繼我們之後的那些社會，它們會建立在何種基本觀念之上？對此我們還不得而知。然而，當前可以預見的是，以後的社會組織必須重視現代社會最後一股至高無上的新生力量，也即群體力量。在過去人們堅信、如今業已消亡的眾多觀念廢墟上，在諸多被革命相繼摧毀的政權殘骸上，只有這股力量依然崛起，似乎它不久還將吸納其他力量。當古老的信仰搖搖欲墜，當陳舊的支柱相繼倒塌，唯有群體力量不受任何東西威脅，而且它的聲望還在與日俱增。我們步入的時代將是真正的群體時代。

差不多一個世紀以前，各國的傳統政策和君主之間的對抗，是引發各種事件的主要因素。群體的觀點基本無足輕重，甚至通常毫無作用。如今，倒是政治傳統、君主的個人傾向以及他們之間的對抗無關緊要，群體的呼聲卻居於主導地位。它支配着君王的行事，他們必須聽它指揮。決定民族命運的，已不再是國王的樞密院，而是群體的心理所向。

大眾階層登上政治舞台，並逐漸成為領導階層，這是我們所處的這個轉型時期最顯著的特點之一。其實，大眾的崛起並非以普選為標誌，因為普選不僅在很長時間影響甚微，而且在早期很容易受人操控。群體勢力的不斷壯大，首先因為有些觀念緩慢深入人心繼而得到廣泛傳播，然後個體逐漸結成社團，並將理論觀念轉變成了現實。正是通過結為社團，群體得以形成一些觀念，即使不太正確但至少對自身利益態度堅決，並由此意識到了自己的力量。他們成立聯合會，所有權力都為之讓步；他們還成立工會，全然不顧經濟法令，力圖管控勞動條件和工資水平；他們選派代表出席政府議會，這些代表毫無主動性和獨立性，往往只是選派委員會的發言人而已。

現今，群體的訴求正愈加明確，大有徹底摧毀當前整個社會之勢，以期將社會帶回原始共產主義階段，但那種共產主義只有在文明初露曙光之前，才是所有人類群體的正常狀態。限制工作時間，沒收礦井、鐵路、工廠和土地，平均分配產品，為大眾利益消滅上層階級等，這些正是群體的訴求。

群體不擅推理，相反卻善於行動。借助當前的組織，它們的力量變得強大無比。我們見證誕生的那些信念，很快就將擁有古老信條的威力，也即那種不受非議的專斷權力。群眾的神權將要取代國王的神權。

那些站在資產階級立場的作家，他們最能代表這個階級多少有些狹隘的思想、短淺的看法、粗陋的懷疑主義以及有時過度的自私主義。看到這種新勢力不斷壯大，他們感到惶恐不安；為了擊退這種思想的混亂，他們絕望地求助於過去曾經嗤之以鼻的教會道德勢力。他們大談科學已經破產，並向我們宣告真理啟示的教義。然而，這些新的皈依者已經忘記，即使上帝的恩惠果真降臨他們，也不會對那些不太關注來世的人群產生同樣的影響。現今的民眾絕不願供奉那些他們先前業已棄絕並參與破壞的神靈。沒有任何神力或人力，可以讓河水倒流至源頭。

科學並沒有破產，而且它與當前思想的無政府狀態以及從中崛起的全新力量全然無關。科學向我們承諾的是真理，或至少是對人類智力可以洞悉的各種關係的認識。它向我們既未承諾和平，也未承諾幸福。它對我們的情感無動於衷，對我們的哀怨置若罔聞。我們只能盡力與科學共處於世，因為任何東西都無法恢復它所驅除的幻想。

在世界各個國家，普遍跡象表明群體力量正迅速壯大，而且我們無從斷定這種力量很快便會停止增長。不論這會帶來甚麼，我們都必須忍受。任何指責都是空話。或許，群體的崛起標誌着西方文明發展的最後一個階段，而這種向混亂無政府時期的返回，也正是新型社會誕生的必然前奏。但我們如何才能阻止這種趨勢？

迄今為止，徹底摧毀衰敗的文明已經成為群體最明確的任務。當然，群體的這種角色並非只在現今才浮現於世。歷史告訴我們，當一種文明賴以生存的道德力量喪失統治地位，其最終的瓦解便由殘暴的無意識民眾來完成，稱他們「野蠻」尤其恰當。目前為止，創造並引導文明發展的，從來都是少數知識貴族而非群體。群體只有破壞的力量。群體居於主導，這始終代表一個野蠻階段。文明必然需要固定規章、社會紀律、從本能向理性的過渡、遠見卓識以及高級的文化，而僅憑群體自身絕對無力創造這些條件。群體力量只具破壞性，它們的作用就像那些加速病危軀體或死屍降解的細菌。當文明的大廈岌岌可危，歷來是群體促使它轟然坍塌。只有這時，他們的主導作用才得以顯現。一時之間，人多勢眾就成了唯一的歷史法則。

我們的文明也會如此終結嗎？對此我們可以表示擔心，但是我們仍然不得而知。

我們注定要遭受群體的支配，因為那些目光短淺之流已經逐步將限制群體的圍欄全部推倒。

人們對群體談論得很多，不過我們對它卻所知甚少。心理學專家的生活與群體相距較遠，所以也始終將其忽略在一旁，即使關注它們的話，也只是從群體犯罪的角度出發。犯罪群體無疑存在，但同時也存在高尚群體、英勇群體以及其他群體。群體犯罪只是他們心理的一種特殊情況，不應單純通過研究群體犯罪來認識他們的心理構成，正如不能單純通過描述個人惡行來認識他的心理構成一樣。

然而，世界的主宰者、宗教或帝國的創始人、所有信仰的使徒、傑出的國家元首以及更低社會層面中那些小團體的頭目，其實他們在無意識上都是心理學家，他們對群體的精神有種出自本能但十分可靠的認識。正是因為對此具有深刻的認識，他們才能輕易成為人主。拿破崙對法國民眾的心理有着非凡的洞察力，但他對其他種族的群體心理有時卻全然不懂[1]。正是這種無知使他在西班牙[2]，尤其是在俄國[3]發動戰爭，個人權勢遭受重創後不久便徹底垮台。

對於那些不求統治群體——這已是難事，但求不被群體完全支配的政治家，對群體心理的認識如今可謂是他們最後的良策。

只要對群體心理學稍加研究，就會明白法律和制度對群體的作用是多麼微不足道，而群體對強加給他們之外的其他任何觀點又是何等充耳不聞。領導群體並非要靠基於純粹平等理論之上的那些原則，而是要找到觸動和誘惑群體的手段。譬如，一位立法者打算設立新稅，他應當選擇理論上最公正的方式嗎？絕對不會。對群體而言，最不公道的在實踐中可能才是最好的，最不顯眼的在表面上負擔也最輕，故而也最容易讓人接受。因此，一項間接稅不管多高，也始終會被群體接受。為消費品每天繳納一丁點兒稅金，這既不會干擾他的習慣，也不會留下甚麼印象。倘若改為對工資或其他收入按比例徵稅，並讓人一次性支付，即使在理論上僅為前者的十分之一，也會引起所有人的抗議。其實，日常隱形的零星稅金在變成一筆相對較大的稅款後，看似數額巨大故而會讓人印象十分深刻。要想稅金不被察覺，就只能一點點徵收。這種經濟手段蘊含的深謀遠慮，實為群體所力不能及。

這是一個最簡單的例子，切題程度顯而易見。它沒有逃過拿破崙這類心理學家的眼睛，但對群體心理懵然無知的立法者，卻無從洞悉這一點。經驗尚未使他們充份明白，民眾從來不按純理性的教導行事。

群體心理學還有許多其他用途。這門知識可以清晰地闡明眾多歷史和經濟現象，否則這些現象將無從理解。我將借此表明，傑出的現代歷史學家泰納[4]，有時對法國大革命中的事件理解得不甚全面，這正是因為他從未想過研究群體的心理。在研究那個複雜的年代時，他將博物學家所用的描述法作為自己的指南，但博物學家研究的現象幾乎不涉及道德力量。然而，推動歷史的真正動力，恰恰是這些道德力量。

單從實踐的角度看，群體心理學就非常值得研究。即使純粹出於好奇，對群體心理的研究也值得嘗試。破解人們的行為動機和分析一塊礦石或一種植物同樣有趣。

我們對群體心理的研究，只能是一種簡要的綜述、一次對我們研究工作的簡單總結。本書僅限於提供一些建設性的看法，其他人借此可以在這條道路上繼續開拓。在這片尚未開墾的處女地上，我們今天也只是觸及它的表層而已。

註釋：

[1] 此外，他那些睿智的顧問對此也不太了解。塔列朗（Talleyrand（一七五四—一八三八），法國政治家、外交家，拿破崙執政時期曾任宮廷侍衛長和外交大臣等職。——譯者）曾給他寫信說：「西班牙會像歡迎解放者那樣接待您的士兵。」然而，西班牙卻把他們當作野獸對待。熟悉這個種族遺傳天性的心理學家，很容易就可以預見這種結果。

[2] 一八零七年，西班牙爆發內戰，拿破崙出兵佔領西班牙，並任命長兄約瑟夫·波拿巴為西班牙國王。此舉遭到當地人民強烈反抗，加上英國的介入，最終法軍被迫退出伊比利亞半島。——譯者

[3] 一八一二年，拿破崙率領五十多萬大軍遠征俄國，然而莫斯科冬季的嚴寒讓法國士兵苦不堪言，最終只能無功而退。這次遠征的失利使法蘭西帝國元氣大傷，並最終導致拿破崙的垮台。——譯者

[4] 泰納（Hippolyte Taine, 1828-1893），法國思想家、哲學家、史學家，普法戰爭之後對法國社會政治制度加以深刻反思，著有《英國文學史》（一八六四）、《藝術哲學》（一八六五—一八六九）、《論知識》（一八七零）、《當代法國的起源》（一八七五—一八九三）等。——譯者

上篇　群體的精神

第一章　群體的普遍特徵

從心理學角度看群體的構成//眾多個體聚集起來不足以形成一個群體//心理群體的專有特徵//群體中個體觀念和情感的定向發展以及他們個性的消失//群體始終受無意識支配//大腦活動的消失和脊髓活動的得勢//智力的下降和情感的徹底變化//這種變化的情感可以比群體中個人的情感更好或更糟//群體既易英勇也易犯罪

從通常意義上講，「群體」一詞可指任何個體的集合，既不管他們的民族、職業或性別，也不管他們相聚出於何種機緣。

但從心理學角度來看，「群體」這個詞卻具有完全不同的含義。在某些特定情形下，並且只有在這些情形下，一群人會具有全新特徵，它完全不同於組成這一群體的個人具有的特徵。個體意識蕩然無存，人們的情感和觀念趨於同一個方向發展，從而形成一種集體心理，雖説只是暫時為之，但呈現出十分明確的特徵。鑒於沒有更好的説法，我姑且將形成的這個集體稱作「組織群體」，人們亦可將其稱為一個「心理群體」。於是，這個形成的單一實體，便受群體精神統一法則的支配。

顯然，許多個體如果只是偶然相會，並非就能獲得一個組織群體具有的特徵。在公共場所偶然聚集的一千個人，如果沒有任何明確的目標，從心理學角度來看，就根本不能構成一個群體。要獲得群體的專有特徵，就需要特定刺激因素的影響，下面我們將對它們的性質予以討論。

作為群體邁上組織軌道的首要特徵，個體意識的消失以及情感和思想的定向發展並非始終需要眾多個體同時在場。有時候，在某種強烈情感影響之下，譬如發生國家大事，彼此孤立的個體也會獲得心理群體的特徵。當一則偶然事件將人們聚集起來，這就足以使他們的行為立即表現出群體的行為特徵。有些時候，六七個人就能構成一個心理群體，而幾千人偶然相聚也未必能形成群體。另一方面，雖然全體國民不會以可見形式聚合，但在某些影響的作用下也會變成一個群體。

心理群體一旦形成，就會獲得一些暫時但十分明確的普遍特徵。除這些普遍特徵以外，它還具有許多專有特徵，具體因構成群體的元素而有所不同，並且還會改變群體的精神結構。

因此，對心理群體易於進行分類。在對它們進行分類時，我們會發現一個異質群體（由不同元素構成）和一個同質群體（由宗派、等級或階層上大致相同的元素構成）會表現出某些共同特徵。除這些共同特徵之外，它們還表現出一些專有特徵，從而使這兩類群體有所區別。

在研究不同類型的群體之前，我們首先要對所有群體的共同特徵加以考察。我們要像博物學家那樣開展工作，先描述一科之內所有生物體的共同特徵，然後再着手研究該科當中各屬各種之間相互區別的專有特徵。

不過，要確切描述群體心理實屬不易，因為這種心理結構不僅因群體的種族和構成有所變動，而且還因群體所受刺激的性質和強度有所差異。當然，個體心理學研究也會遇到同樣的困難。只有在小說中才會看到人物的性格始終不變。只有單一的環境才會造就決然單一的性格。我在別處就曾指出，任何心理結構之中都包含着各種可能的性格，一旦環境突變這些潛能就會顯現。也正是這個原因，法國國民公會中最殘暴的成員原來都是謙和的資產階級分子。他們在正常條件下，都是平和的公證人或正直的法官。風暴過後，他們又恢復了平和資產階級往常的性格。拿破崙在他們中間也找到了最恭順的臣民。

這裏，鑒於無法對群體形成的各個階段加以研究，我們將對組織上已完全成形的群體加以分析。我們可以預見群體的最終狀態，而非它們隨時所處的狀態。也只有在組織的高級階段，在種族不變的主要內核之上才會附加某些全新的專有特徵，而群體的全部情感和思想也會趨於同一個方向發展。只有在這個時候，我之前所説的群體精神統一心理學法則才開始浮現。

群體的有些心理特徵，亦為孤立個體所共有；而另一些特徵，則僅為群體所特有，並且只能在群體中看到。我們將首先研究這些特徵，以揭示它們的重要性。

一個心理群體會表現出如下最驚人的事實：不論構成群體的個體為何人，不論他們的生活方式、職業、性格或智力相同與否，僅是他們形成群體這一事實，就使他們獲得一種集體心理。這種心理會讓他們感受、思考和行動的方式與每個人在孤立狀態下感受、思考和行動的方式完全不同。有些觀念和情感也只在群體的個體中才會出現，或者只在群體的個體中才會轉化為行動。心理群體是異質元素瞬間結合而成的一個臨時實體，正如構成有機體的細胞一樣，它們結合而成的新生命所表現的特徵，也與每個細胞的特徵迥然不同。

與思想深邃的哲學家赫伯特·斯賓塞[1]筆下的觀點相反，在構成群體的集合中，絕不存在組成元素的相加與平均，而是全新特徵的組合與誕生。好比在化學中，將一些元素混合之後（比如鹼和酸），會形成一種新的物質，它所具有的特性就與形成這種物質的元素截然不同。

要看出群體中的個體與孤立的個體之間的差異是很簡單的，但要找出造成這種差異的原因卻並非易事。

要揭示其中的緣由，首先必須了解現代心理學的發現：無意識現象不僅在有機生活中，而且在智力活動中也同樣扮演着至關重要的角色。個體的意識生活只是無意識生活的冰山一角。即使是最敏銳的分析師、最犀利的觀察家，也只能找出支配個體的少數無意識動機。我們的意識行為源於無意識深層結構，後者的形成又受遺傳影響。這種深層結構中含有祖先遺傳的眾多印記，這些遺產便構成了種族的精神。在我們坦言的行為動機背後，也許還有我們未曾承認的隱秘原因；在這些隱秘的原因背後，還有更多我們自己所不知的秘密。我們大多數的日常行為，都受我們忽略的隱蔽動機影響。

正是構成一個種族精神的無意識元素，讓屬於這個種族的所有個體彼此相近，而由教育，尤其是由特殊遺傳決定的那些意識元素，又將這些個體區分開來。在智力上差異極為懸殊的人，在本能、愛好和情感上卻極為相似。在涉及情感的所有內容上，比如宗教、政治、道德、感情、憎惡等，傑出人物很少會比凡夫俗子高明多少。一位偉大的數學家與一名鞋匠在智力上可能存在天壤之別，但從性格上來看他們之間往往毫無差異或差異甚微。

這些普遍的性格特徵受無意識支配，一個種族中的大多數正常個體基本上都具備這些特徵。也正是這些特徵，成為了群體的共性。在集體心理中，個人的才智以及他們的個性都消失殆盡。異質性湮沒於同質性之中，人的無意識特徵居於主導地位。

正是這些成為群體共性的普通特徵，向我們解釋了群體緣何不能完成智力需求很高的工作。由不同行業的一群傑出人士針對大眾利益作出的決定，並不比一群笨蛋作出的決定高明多少。其實，他們只是將每個人具有的平庸特徵匯合起來而已。群體匯集的不是智慧而是愚蠢。正如人們常說的那樣，整個世界並不比伏爾泰[2]睿智。如果整個世界代表一個群體，伏爾泰肯定比整個世界睿智。

如果群體中的個人僅限於將他們的普通特徵匯合起來，那麼也只會帶來平庸，而非我們之前所言會誕生新的特徵。那麼，這些全新特徵如何形成呢？這正是我們現在要研究的問題。

多種原因決定着群體專有特徵的顯現，孤立的個體不具備這些特徵。首先，僅從數量上而言，群體中的個人會獲得一種勢不可擋的力量，這使他屈服於自己的本能，而獨處時他就得盡力克制這些本能。他之所以不去克制個人本能，是因為無名的群體不必承擔責任，於是始終束縛個人的責任感便徹底消失。

第二個原因是傳染，它在決定群體專有特徵顯現的同時，也決定着群體的發展方向。傳染現象易於識別，但尚未闡明。這裏有必要將傳染視為我們馬上談論的催眠現象。在群體中，所有的情感和行動都有傳染性，其程度足以讓個體為集體利益輕易犧牲他的個人利益。這是一種有違個人本性的傾向，也只有成為群體一員時，他才具備這樣的情懷。

第三個原因尤其重要，它決定着群體中個人的專有特徵，有時這會與孤立個體的特徵截然相對。我將這個原因稱為暗示，上面所說的傳染正是暗示的結果。

要想理解這種現象，就要留意最近的一些心理學發現。如今我們知道，可以通過各種手段將人引入以下狀態：即在他失去意識人格後，會對讓自己失去意識人格的暗示者唯命是從，並做出一些與其性格和習慣截然相反的舉動。然而，細緻的觀察似乎已經證實，長時間融入群體行動的個人，不久就會進入一種特殊狀態——或是因為從中散發的氣息使然，或是因為其他我們所不知的原因，這與被催眠者在催眠師操縱下進入的迷幻狀態非常相似。被催眠者的大腦活動麻痺後，就成為所有脊髓無意識活動的奴隸，並任由催眠師支配。意識人格消失得無影無蹤，個人意志和辨別力也蕩然無存，所有的情感和思想都按催眠師設定的方向發展。

這正是個體加入心理群體之後的大致狀態。他已經意識不到自己的行為。和被催眠者一樣，在有些能力遭到破壞的同時，另一些能力卻極大地得到強化。在一種暗示的影響下，他懷着難以抗拒的衝動，投身於某種行動之中。群體的這種衝動，要比被催眠者的衝動更難抗拒，這是因為這種對所有個體相同的暗示，在相互作用下會威力大增。在群體當中，具備強大個性、足以對抗這種暗示的人物寥寥無幾，因為這是大勢所趨。他們至多會因不同的暗示而改弦易轍。正因為如此，一個動聽的詞語、一個不斷喚起的形象，有時就可以阻止群體最血腥的暴行。

於是，意識人格消失殆盡，無意識人格佔據主導，情感和觀念在暗示和傳染作用下趨同發展，並傾向於將暗示觀念立即付諸行動，以上便是群體中的個人呈現的主要特點。他已不再是他本人，他已變成一部不受個人意志支配的機器。

一個人單是加入群體這個事實，就使他在文明的階梯上倒退了好幾級。在獨立時，他可能是個有教養的人；在群體中，他成了受本能支配的野蠻人。他不僅身不由己、殘暴而狂熱，而且表現出原始人的熱情和英勇。與原始人更為相似的是，他易於被詞語和形象打動（這對構成群體的個人在孤立狀態下卻毫無影響），並做出同他最明顯的利益和最熟悉的習慣截然相反的舉動。群體中的個人猶如一粒沙子，只會和其他沙粒一樣隨風飄落。

正是由於這些原因，人們發現陪審團會作出每位陪審員在獨自一人時便會反對的判決，而議會也會頒佈每位議員單獨行動時必然要譴責的法律和措施。大革命時期國民公會的成員，分開來看都是愛好和平的開明資產階級。在結合成群體後，他們會毫不遲疑地贊成最為殘暴的提議，將完全清白無辜的人送上斷頭台；他們甚至不顧個人的利益，放棄自身不可侵犯的權利，並相互之間大開殺戒。

群體中的個人不但在行為上與他本人存在本質差別；甚至在完全喪失獨立性之前，他的思想和情感就已經發生變化：這種變化足以使守財奴變成敗家子、讓懷疑者變成信徒、將老實人變成罪犯、把懦夫變成英雄。在一七八九年八月四日那個值得紀念的晚上[3]，法國貴族們一時熱情澎湃，投票放棄了所有的特權；這些成員如果單獨行事，肯定沒有一個人會表示同意。

通過上述討論，可以得出以下結論：群體在智力上總是低於孤立的個人，但從情感以及由此引發的行動來看，群體依據不同情況會表現得更好或更糟。一切都取決於群體所受暗示的方式。只從犯罪角度研究群體的學者，還尚未認識到這一點。群體或許會經常聚眾犯罪，但往往也會豪情萬丈。為了一種信仰或理念的勝利，群體在指引下會赴死犯難；為了榮耀和名譽，他們會熱情澎湃；在幾乎全無糧草和裝備的情況下，正如十字軍東征那樣，他們會將異教徒從上帝的懷抱中清掃出去，或者亦如一七九三年那樣捍衛自己的祖國。這種英雄主義或許有些無意識成份，但也正是這種英雄主義締造了歷史。如果只發動人民去實踐那些冷靜思考過的大事，世界歷史上可記載的東西將寥寥無幾。

註釋：

[1] 赫伯特·斯賓塞（Herbert Spencer, 1820-1903），英國社會學家、心理學家和哲學家，常被譽為「社會達爾文主義之父」，著有《社會靜力學》（一八五零）、《心理學原理》（一八五五）、《教育論》（一八六一）、《社會學研究》（一八七三）等。——譯者

[2] 伏爾泰（Voltaire, 1694-1778），本名弗朗索瓦–馬利·阿魯埃（François-Marie Arouet），法國啟蒙思想家、哲學家、文學家、史學家，被譽為「法蘭西思想之王」，著有《哲學通信》（一七三四）、《中國孤兒》（一七五五）、《老實人》（一七五九）等。——譯者

[3] 一七八九年八月四日晚，國民公會議員諾亞伊子爵提出無償廢除封建力役、農奴制及其他人身勞役，一切封建權利可由公家贖買或估價交換，取消免稅權，實施按收入納稅。這些提議一時得到資產階級和激進貴族的響應。在次日的國民公會上，制憲會議頒佈了《廢除封建制法令》，廢除了一切封建特權，極大地限制了封建貴族的部份大資產階級的權利，由此終結了法國的封建制度。——譯者

第二章　群體的情感和道德

1、**群體的衝動、多變和急躁。**群體是各種外部刺激的玩物，反映着它們不斷的變化//它服從的衝動過於強烈，以至於個人利益只能退居其次//群體不會預先作任何謀劃//種族的影響

2、**群體易受暗示並輕信於人。**它聽命於暗示//在群體頭腦中喚起的形象被當作現實//為何這些形象對組成群體的所有人而言都相同//在群體中智者與傻瓜基本相同//群體中的所有個體受幻覺支配的各種實例//絲毫不能相信群體的證詞//多位證人眾口一詞是立案論證中最差的證據//史書的價值微乎其微

3、**群體情感的誇張與簡化。**群體既不會懷疑也不會猶豫，始終愛走極端//他們的情感總是過份誇張

4、**群體的偏執、專橫和保守。**這些情感的緣由//群體在強權面前卑

躬屈膝//群體瞬時的革命本能不妨礙他們成為極端的保守分子//他們在本能上敵視革新和進步

5、**群體的道德**。群體的道德根據不同的暗示，可以比組成群體的個人低劣或高尚//解釋與實例//群體很少被利益左右，而這往往是孤立個人的唯一動機//群體的道德淨化作用

在概括說明群體的主要特徵後，我們將對這些特徵予以詳細闡述。

在群體的專有特徵當中，我們發現有幾個特徵，比如衝動、急躁、毫無推理能力、缺乏判斷和批判精神、情感誇張等，同時也可以在低級進化形態個體中看到，比如婦女、野蠻人和兒童。這種類比我只是順便提及，對它的論證已超出本書範圍。此外，這對熟悉原始人心理的人來說毫無用處，而對那些不懂這種心理的人又始終缺乏說服力。

下面，我將逐個討論在大多數群體中可以觀察到的不同特徵。

1、群體的衝動、多變和急躁

在研究群體的基本特徵時我們曾說，群體幾乎完全受無意識支配。它的行為主要是受脊髓而不是受大腦的影響。在這一點上，群體與原始人尤其接近。這些行為在實施上可以十分完美，但由於它們並不受大腦支配，所以個體會根據受到的偶然刺激採取行動。群體是各種外界刺激的玩物，反映着它們不斷的變化。由此，群體是所受刺激的奴隸。儘管孤立個體可能與群體中的個人受到同樣的刺激，但他的大腦會告訴自己，屈服於這些刺激會帶來諸多不便，那他就不會屈服。這從生理學上可以表述如下：孤立的個體具有掌控自己反射的能力，而群體則缺乏這種能力。

依據受到的刺激，群體所服從的各種衝動既可以慷慨或殘忍，也可以豪邁或怯懦，然而這些衝動總是如此專橫，以至於個人利益甚至自我保存利益也無法將它們擊退。

可作用於群體的刺激多種多樣，群體歷來屈服於這些刺激，由此也極為多變；這也是緣何我們可以看到，群體可以在轉瞬之間就從最血腥的殘暴變成最極端的慷慨或豪邁。群體很容易化身劊子手，也很容易慷慨赴義。在群體的靈魂之中，流淌着每一種信仰勝利所需的滔滔熱血。要目睹群體在這方面有何作為，完全不必追溯到英雄主義時代。在民眾起義中群體從不吝惜自己的生命，幾年前一位突然名聲大噪的將軍[1]，輕而易舉就發動了十萬人，隨時待命準備為他的事業而犧牲。

因此，群體根本不會預先作任何謀劃。它們可以先後經歷極為矛盾的情感，但永遠受當前刺激的影響。它們就像暴風捲起的樹葉，會朝各個方向飛舞，然後再次落於地面。以下對於某些革命群體的研究，將為我們提供群體情感多變的幾個事例。

群體的這種多變使之極難統治，當部份公共權力落入它們手裏時尤其如此。若不是日常生活迫使對事態加以隱形調節，民主幾乎不可能持續下去。即便群體瘋狂地謀求某些東西，這種謀求也絕不會持久。群體既不具有長久的意志，也不具有長久的思想。

群體不僅衝動與多變，而且也和野蠻人一樣，絕不允許在自己的願望與願望的實現之間存在任何障礙。群體相當清楚，人數優勢會讓它勢不可擋。對於群體中的個人而言，沒有甚麼是不可能的。孤立的個體尤其明白，他不能獨自一人去焚燒宮殿或洗劫商店，即便萌生這種念頭，也很容易就會打消。當成為群體的一員後，他就意識到人數賦予他的力量，只要暗示給他殺人劫掠的念頭，他便立即屈從於這種念頭。任何意想不到的障礙會被群體瘋狂地摧毀。若說人體允許持續的憤怒，那麼我們可以說憤懣的群體，其正常狀態也正是憤怒。

對於群體的急躁、衝動和多變以及我們將研究的所有大眾情感，種族的基本特徵始終會介入其中，也正是這些特徵構成了我們的情感賴以產生的沃土。所有群體無疑都是急躁而衝動的，但其程度卻大不相同。比如，拉丁群體和盎格魯-撒克遜群體之間的差別就十分顯著。最近的歷史事件就彰顯了這一點。二十五年前，僅是一份據稱有辱法國大使的電報公之於眾，就足以觸犯眾怒，並立刻引發一場可怕的戰爭[2]。幾年之後，一則報道諒山[3]那場無足輕重的失敗電文，又再次燃爆民眾的怒火，由此導致政府瞬間垮台。與此同時，儘管英國遠征喀土穆[4]的失敗更為慘重，但在國民中間引發的情緒卻十分微弱，甚至連一個部長都未曾因此解職。任何地方的群體都帶女人氣，不過拉丁群體的女人氣最重。凡是贏得他們支持的人，會很快爬到權力的巔峰，但這好比在懸崖邊徘徊，終有一天會跌入深淵。

2、群體易受暗示並輕信於人

在定義群體時，我們曾說群體的一個普遍特徵是極易受暗示。同時我們還指出，在所有人類群體中暗示如何具有傳染性，這也解釋了為何群體情感會朝某個既定方向迅速發展。

如果假定群體是中性的，那麼它的注意力通常都處於一種期待狀態，因此很容易受到暗示。最初形成的暗示一旦出現，會迅速通過傳染強加於所有個體，而情感發展趨向也立即確立。對於受到暗示的民眾而言，進入頭腦的觀念很容易轉化為行動。無論這種行動是縱火焚燒宮殿，還是盡忠職守地完成使命，群體都會積極地投入其中。這一切都取決於刺激的性質，它已經不像孤立個體那樣取決於暗示的行為與綜合推理之間的關係，而個體推理結果可能反對這種行為實踐。

同時，群體始終游走於無意識邊界，容易受各種暗示支配，情感與不受理性影響的個體同樣激烈，並已喪失一切批判精神，所以只會極端輕信於人。對群體而言，不可能的事絕不存在。要理解那些荒誕不經的傳奇和故事[5]能輕易產生並得以傳播，就必須明白這一點。

在群體中易於流行的傳奇之所以產生，這不僅因為群體完全輕信於人，而且也是事件在群體的想像中神奇地扭曲的結果。一則極為簡單的事件經群體目睹後，會立即變得面目全非。群體以形象進行思維，而且喚起的形象又會立刻引發與它毫無邏輯關聯的一系列形象。要理解這種狀態其實很簡單，試想頭腦中浮現的任何事情，有時都可以引發一系列怪異的想法。理性告訴我們，這些形象之間並不具有連貫性，但群體對此卻視而不見；群體會將經想像扭曲的真實事件與實際的真實事件混為一談。群體幾乎對主觀與客觀不加區分，並將頭腦產生的幻象當作現實，儘管這種幻象與觀察到的事實之間通常關聯極其微弱。

群體對目睹的事件加以扭曲的方式，看似數量很多而且各不相同，因為構成群體的個人其性情截然不同；然而，情況並非如此。在傳染的作用下，對所有個體而言，扭曲的性質和方式全部相同。群體中一個人最初在感知上的扭曲，將構成傳染性暗示的內核。聖喬治[6]出現在耶路撒冷十字軍官牆上之前，在場觀眾當中必定只有一個人先看到他。在暗示和傳染的推動下，奇蹟一旦揭示出來就會立刻被所有人接受。

歷史上常見的集體幻覺，其運作機制歷來如此。這些幻覺似乎具有真實可信的典型特徵，因為涉及的現象已被成千上萬人見證。

要克服前面的這種情況，絕不能考慮群體中個人的智力品質，因為這種品質也無足輕重。從加入群體的那一刻起，無知者和博學者同樣都喪失了洞察能力。

這一論點看似自相矛盾。要對此加以明證的話，就必須援引大量的歷史事實，撰寫幾本書也仍顯不足。

鑒於不想讓讀者感覺這是毫無證據的空頭主張，所以我在這裏舉幾個實例，它們都是從人們可以引用的實例中隨機摘錄的。

以下這個實例最為典型，因為它從侵襲群體的集體幻覺中挑選出來，這種群體中各類人等共存一體，其中既有最無知的也有最有文化的。戰艦「朱利安·費利克斯號」海軍上尉在他有關洋流的書中偶爾提到此事，之前曾在《科學雜誌》上轉載。

護衛艦「漂亮寶貝號」游弋在海面上，以尋找在一場風暴中與它失散的巡洋艦「搖籃號」。當時正值白天，陽光燦爛。突然，瞭望水手發現一艘遇難船隻。船員們順着所指的方向望去，所有軍官和水手都清楚地看到一隻載滿人的木筏拖在飄着遇難信號旗的船隻後面。德福塞[7]上將下令派一條船火速前往營救遇難士兵。在快要接近時，準備上船的水手和軍官看到「一大群人在騷動，他們伸着手臂，並有許多混亂的聲音在哀號」。但當船到達目標後，人們發現面前不過是從附近海岸漂過來的幾根掛滿葉子的樹枝而已。在顯而易見的事實面前，幻覺才徹底消失。

在這個事例中，正如我們所闡述的那樣，集體幻覺的作用機制清晰地呈現出來。一方面，群體的注意力處於期待狀態；另一方面，瞭望水手發出海上有遇難船隻的暗示後，通過傳染便被所有助理、軍官和水手接受。

要摧毀合理審視當前事態的能力，並使實情被毫無相關的幻覺取代，一個群體無須很大的數量。幾個人聚集起來，就能形成一個群體，即便他們是傑出的學者，在他們的專長之外也會表現出群體的所有特點。於是，他們每個人具有的洞察力和批判精神立即化為烏有。富有創見的心理學家戴維[8]先生為我們提供了一則非常有趣的事例，最近被《心理學年鑒》[9]加以報道，這裏值得轉述如下。戴維先生召集了一群傑出的觀察者，其中就有英國一流的學者華萊士[10]先生。在讓他們檢查物件並按個人意願貼好封條後，他當着大家的面演示所有經典的靈異現象：神靈的物化、石板上寫字，等等。從這些傑出的觀察者撰寫的報告來看，他們都認為自己觀察到的現象只能借助超自然手段才能實現。他獲得報告後隨即向他們表示，這不過是十分簡單的騙術造成的結果。「戴維先生調查的驚人之處，」記述此事的作者寫道，「不是戲法本身的神奇，而是那些不諳內情的見證者從中所得報告的極度乏弱。於是他說，『見證者所做的諸多肯定描述可能完全錯誤，不過其中的結果表明，假如人們認為他們的描述是正確的，那麼他們所描述的現象便無法用騙術來解釋。』戴維先生發明的方法如此簡單，人們對他竟敢採用這些方法不免感到吃驚。但他具備影響群體心理的能力，他可以讓群體相信，他們看到了自己尚未看到的東西。」

這也正是催眠師影響被催眠者的能力。當我們發現這種能力對頭腦敏銳且事先持懷疑態度的個體都能施加作用，那麼要迷惑普通民眾簡直易如反掌。

類似的例子還有很多。在我撰寫本書時，報紙上充斥着兩個小女孩在塞納河溺亡後被找回的報道。起先，這兩個孩子已被十來個目擊者毫不含糊地認出。鑒於所有證詞如出一轍，預審法官對此也就毫無懷疑，於是他批准簽署死亡證明。但就在孩子將要下葬時，人們偶然發現原本以為早已喪命的孩子仍然活着，而且她們與溺亡的小女孩相去甚遠。正如前面引述的幾個例子一樣，在第一位目擊者成為幻覺的犧牲品後，他的證詞就足以暗示其他所有人。

在這類事件中，暗示的起點始終是一個人多少有些模糊的記憶產生的幻覺，這種原初幻覺得到認可後接着便傳染他人。如果第一個觀察者易受感染，那他確信自己辨認出來的屍體就會呈現出某個特徵，比如一塊傷疤或裝束上的一個細節，儘管這與真實體貌相差很大，但足以讓他在頭腦中喚起另一個人的形象。由此產生的觀念會演變為某種具體產物的內核，它會侵襲人們理性的領地，並麻痺一切批判能力。於是，觀察者看到的不再是客體本身，而是他頭腦中產生的幻影。這也解釋了為何孩子的屍體竟被自己的母親認錯，情況與下面這個案例一樣。最近報紙又在談論這則過往案例，其中我們可以清晰地看到暗示的兩個階段，其作用機制我剛才就已點明。

另一個孩子認出這個孩子，但其實是認錯了人。於是，上演了一系列錯誤的辨認結果。

接着發生了一件不同尋常的事。在同學認出屍體的第二天，一個婦女喊道：「天哪，那是我的孩子！」

人們把她帶到屍體旁邊，她查看了衣服，發現額頭上有個傷疤。「這正是我可憐的兒子，」她說，「他去年七月失蹤。一定是被人拐走，又遭人殺害。」

這位婦女是福爾街的門房太太，姓沙旺德萊。人們找來她的小叔，他毫不猶豫地說：「那就是小費利貝。」這條街的好幾位居民也認出這個孩子是費利貝·沙旺德萊。另外還有孩子的老師，對他來說那枚獎章就是一個標誌。

然而，鄰居、小叔、老師和母親全都搞錯了。六週之後，這個孩子的身份得到了確認。孩子是波爾多人，在那裏遭人殺害後又被運到了巴黎。[11]

應當指出，以上進行辨認的主要是婦女和兒童，確切來說都是極易受感染的個體。這些辨認由此向我們表明，類似的目擊證據在法庭上會有何種價值。尤其是兒童的證詞，絕不能在法庭上援用。法官們經常說，這個年紀的孩子絕不會撒謊。但凡有點心理學修養的人都知道，這個年紀的孩子其實一直都在撒謊。或許，這是一種無辜的謊言，但它仍然是一種謊言。與其像人們以前多次採用兒童的證詞來判決一位被告的命運，還不如用投硬幣猜正反面來進行判決。

回到群體的觀察結果上，我們可以得出以下結論：集體的觀察結果最有可能出錯，通常它僅代表一個人的幻覺，然後通過傳染途徑暗示他人。無數的事實都證明，對群體的證詞應當持絕對的懷疑態度。在二十五年前的色當戰役[12]上，數千人參與了那次有名的騎兵團進攻，然而面對那些極其矛盾的目擊證詞，根本不可能知道這次進攻由誰指揮。在最近的一本書[13]中，英國將軍吳士禮[14]指出，針對滑鐵盧戰役之中那些最重要的事實，迄今為止所犯最嚴重的錯誤，正是那幾百名見證人聲稱的實情[15]。

我們所舉的這些事例都説明群體證詞的價值大小。邏輯學論著將多名證人的眾口一詞視為最確鑿的證據，借此可以證明一則事實的正確性。然而群體心理學知識告訴我們，在這個問題上這些論著都有待重寫。那些受人質疑最深的事件，無疑是那些觀察人數最多的事件。一件事同時被數千個目擊者證實，也就是説真正的事實與認可的記述已相去甚遠。

上述討論清晰地表明，我們應當把史書視為純粹想像的產物。它們無非對觀察有誤的事實所作的離奇記述，然後又摻上事後給出的解釋而已。拌合石膏的工作都比花費時間撰寫這類史書更加有用。倘若過去沒有為我們留下文學、藝術和建築的傑作，那麼我們對歷史的真相便一無所知。那些曾在人類歷史上發揮過重大作用的偉大人物，比如赫拉克勒斯[16]、佛祖、耶穌或穆罕默德[17]，對他們的生平我們能知曉隻言片語的真相嗎？極有可能一句也沒有。而實際上，他們的真實生平對我們也無關緊要。打動群體內心的是傳説中的英雄，而不是歷史上真實的英雄。

不幸的是，即便以書本形式將它們固定下來，傳説本身也毫無任何確定性可言。隨着時光的流逝，尤其是種族的演化，群體的想像對這些傳説不斷加以改造。《聖經》中的耶和華與聖德肋撒[18]筆下仁愛的上帝相去甚遠，中國人膜拜的佛祖與印度人供奉的佛祖也並無多少共同之處。

群體的想像對英雄傳說的改造，甚至無須讓這些英雄經歷數百年的時間，有時改造在幾年之內就會發生。我們所處的時代，就看到歷史上最偉大的英雄人物，其傳說在不到半個世紀居然經歷了好幾次改變。在波旁家族統治時期，拿破崙化身田園派人物，熱衷慈善、思想自由，他是下層人民的朋友，正如詩人所言，會長久活在人民心中。三十年後，這位溫厚的英雄變成了嗜血的暴君，在篡奪權力與自由之後，為滿足個人的野心，竟讓三百萬人為他喪生。如今，我們看到這個傳說又在變化。幾千年以後，未來的學者面對這些自相矛盾的記述，或許對這位英雄的存在都會表示懷疑——正如他們有時懷疑佛祖的存在那樣——而只從他身上看到一則光芒萬丈的神話，或者一部赫拉克勒斯式傳奇的演變。他們或許會坦然接受這種不確定性，因為他們比現今的我們要更熟諳群體的心理，所以會明白歷史固存下來的也僅是一些神話而已。

3、群體情感的誇張與簡化

群體呈現的情感不論好壞，都會表現出過於簡單和極其誇張的雙重特點。在這一方面，正如許多其他方面，群體中的個人與原始人比較接近。由於無法區分細節，他便將事情視為一個整體，全然不知其中的過渡狀態。在群體中，情感的誇張也受到以下事實的強化，即一種情緒在得到認可後，會通過暗示和傳染迅速傳播開來，並極大地增強自己的力量。

群體情感的簡化和誇張，使它既不懂懷疑，也不懂猶豫。就像女人一樣，它會突然走向極端。疑惑一旦出口，立刻就成為不容辯駁的證據。在孤立的個體中，萌生的厭惡或責難得不到強化，但對群體中的個人而言，卻能立刻變成深仇大恨。

群體情感的狂暴又會因責任感的消失而再次強化，這在異質群體中尤其如此。法不責眾的觀念在人數越多時越強烈。由於頓時人多勢眾，會讓群體表現出孤立個體不可能有的情感和行為。在群體中，愚蠢、無知與嫉妒之人都將擺脱卑微無能的感覺，取而代之的是一種野蠻、短暫而強大的力量。

遺憾的是，群體的這種誇張傾向常常作用於一些卑劣的情感，這是原始人本能的隔代殘留；而有責任感的孤立個體因擔心受罰，就必須對此加以約束；這也解釋了為何群體極易幹出極端惡劣的行徑。

如果暗示巧妙的話，群體並非不會表現出英雄主義、獻身精神和崇高美德，它們甚至比孤立的個人更能表現出這些品質。後續討論群體的道德時，我們很快就會回到這個話題上。

由於自身的情感趨於誇張，群體也只會被過多的情感觸動。演説家如果想蠱惑群體，就必須要言過其實。在誇大其詞、妄加斷言、不斷重複的同時，絕不嘗試以推理作任何論證，這些都是公眾集會上演説者慣用的論説技巧。

同時，群體希望英雄具有類似誇張的情感，因此他們外在的品質和美德也始終被加以放大。有人就確切地指出，戲院裏的觀眾會要求劇中的英雄具有現實生活中從未有過的勇氣、操守和美德。

有人頗有道理地談論劇院的特有觀點。這種觀點或許存在，但是其原則往往又與常識和邏輯毫不相干。打動群體的藝術，其品味固然低下，不過仍然需要特殊的才能。有些劇目的成功，靠閱讀劇本有時很難解釋。劇院經理在安排這些劇目時，他們自己通常對成功也毫無把握，因為要想對此作出判斷，他必須自己化身為觀眾[19]。如果我們深入展開討論，就很容易發現種族的重要影響。讓一個國家的觀眾熱情澎湃的劇目，有時在其他國家全然不會成功，或者只會獲得有限或普通的成功，這是因為它沒有利用那些煽動這批全新觀眾的動因。

我這裏無須補充說，群體的誇張傾向只作用於情感，而對智力不起任何作用。我之前就已經表明，個人一旦加入群體，他的智力水平會立即大幅下降。在研究群體犯罪時，學識淵博的塔爾德[20]法官同樣也證實了這一點。所以只有在情感層面，群體可以提升很多或反而降低很多。

4、群體的偏執、專橫和保守

群體只有簡單而極端的情感，對於暗示的觀念、思想和信仰，群體要麼全盤接受，要麼一概拒絕，並將其視為絕對真理或絕對謬論。信仰向來都是通過暗示確立，而非通過理性推斷產生。每個人也都知道宗教信仰如何偏執，它對人們的精神統治又是如何殘暴。

由於毫不懷疑這種真理和謬誤，而且又清楚地意識到自己力量的強大，群體於是變得偏執而專橫。個人或許可以接受矛盾並展開討論，但群體絕不允許如此行事。在公眾集會上，演說者微乎其微的矛盾就立刻引起憤怒的吼叫和猛烈的抨擊。如果演說者稍顯固執，拳腳與驅逐會隨即而來。如果現場缺少當權者管制，言辭矛盾的演說者甚至會被處死。

專橫和偏執在各種類型群體中普遍存在，但其表現程度卻各不相同：這裏種族這個核心概念再次浮現出來，它支配着人們的情感和思想。在拉丁群體中，專橫和偏執展現得如此淋漓盡致，以至於它們已經摧毀了個體的獨立情感，但獨立情感在盎格魯-撒克遜民族中卻尤為強勁。拉丁群體只關心自己所屬宗派的集體獨立性，而之所以需要這種獨立特徵，其目的是立即對異己分子進行強烈的鎮壓。在拉丁民族中間，自宗教法庭時代以來，各個時期的雅各賓派[21]對自由從未獲得另一種解讀。

專橫和偏執是群體十分顯著的情感，他們不僅容易產生這種情感，而且一旦強加給他們的話，也非常容易被接受並付諸實踐。群體對強權畢恭畢敬，卻很少為仁慈所動，因為對他們而言，那不過是一種軟弱。群體從不會對溫厚的主子心存好感，而只會對飛揚跋扈的暴君俯首貼耳，並總為後者豎起最宏偉的雕像。若說群體樂意踐踏被推翻的暴君，那是因為在喪失權力之後，他已回到弱者的行列，因無從令人畏懼而遭到蔑視。群體愛戴的英雄，永遠要像愷撒[22]那樣：他的英武吸引着他們，他的權威施加於他們，他的利劍讓他們心存畏懼。

群體會隨時反抗軟弱的當權者，對強悍的當權者則會卑躬屈膝。如果強權時斷時續，始終受極端情感支配的群體會表現得反覆無常，時而無法無天，時而奴顏婢色。

如果以為革命本能在群體中處於主導地位，那就完全誤解了群體的心理。群體的暴力傾向會給人造成這種假象，但其反叛和破壞行為的爆發總是十分短暫。群體不僅受無意識的強烈支配，同時也受世代沿襲制度的強烈影響，因而才會顯得極端保守。對群體撒手不管，他們很快便厭倦混亂，本能地變成奴才。當波拿巴取締各種自由，讓人深切體會到他的鐵腕時，最熱烈地擁護他的正是那些最傲慢、最不羈的雅各賓派。

如果不充份考慮群體深刻的保守本能，就難以理解歷史，尤其是民眾革命的歷史。群體熱衷於制度名稱的更改，他們為了取得這種變革，有時甚至會採取暴力革命。然而，這些制度的本質卻反映了種族世代相承的需要，因此群體始終會重返這種制度。群體始終變化的特性，也只作用於表層事物。其實，群體有着堅不可摧的保守本能，正如所有原始人那樣，他們對傳統心存拜物教式的崇敬，對改變自己真實生活狀態的所有新事物心存無意識的恐懼。如果在機械織機、蒸汽機和鐵路發明之前，民主就已獲得它現在具有的權力，那麼這些發明也可能不會實現，或至少要以不斷的革命和殺戮為代價。在科學和工業的偉大發明完成之後，群體的力量才開始萌發，這對於文明的進步而言可謂幸事一件。

5、群體的道德

如果我們將「道德」一詞定義為對某些社會習俗的一貫尊重，以及對個人衝動的持續遏制，那麼群體顯然過於衝動和多變，很難有甚麼道德可言。但如果我們將一時出現的某些品質，如克己利人、盡忠職守、公正無私、自我犧牲、渴望公平等納入這個術語之內，我們會說群體有時也會表現出極為高尚的道德。

研究群體的少數幾位心理學家也只從群體的犯罪行為來加以審視。由於經常目睹這些行為，他們便認為群體道德水平十分低劣。

或許經常如此，但原因何在？只是因為原始時代殘存的那種野蠻的破壞本能，它潛伏於我們每個人的內心深處。在孤立個體的生活中，要順應這種本能十分危險；當他加入一個不負責任的群體，因此可以確保免於受罰時，他便獲得了放任本能的自由。由於無法向同類發洩這種破壞本能，我們只能將它發洩到動物身上。人們的捕獵熱情和群體的殘暴行為，二者其實有着同樣的根源。一群人慢慢殺死毫無防衛的受害者，體現出一種十分懦弱的殘忍。但對哲學家而言，幾十個人成群結隊，帶獵犬追捕並肢解一隻不幸的鹿並從中取樂，這也體現着類似的殘忍。

雖說群體會殺人放火、無惡不作，它同樣也能展現出盡忠職守、勇於犧牲、公正無私的行為，而且要比孤立的個體更為崇高。榮耀、名譽、宗教和愛國主義的感召對群體中的個人作用十分顯著，甚至還會讓他們獻出自己的生命。類似十字軍遠征和一七九三年志願者的事例在歷史上比比皆是。只有集體能夠表現出盡忠職守和公正無私的崇高精神，為自己也不甚明白的信仰、思想和言辭而英勇赴義的群體又何其之多！罷工的群體如此行事，更多的是為服從一道命令，而不是滿足增加微薄薪金的訴求。私人利益很少成為群體的主要動因，但它幾乎是孤立個體的唯一動因。在諸多戰爭中，支配群體的肯定不是個人利益，這時常為群體的智力難以理解，他們在戰場上輕易就丟失性命，好似被獵人拿鏡子催眠後捕殺的雲雀。

即便是十足的壞蛋，一旦聚為群體，往往也會暫時表現出嚴格的道德紀律。泰納讓我們注意到，九月慘案[23]的屠戮者把從死者身上找到的錢包和鑽石放在委員會的辦公桌上，而他們本來可以輕易將其據為己有。一八四八年法國革命期間，在佔領杜伊勒里宮[24]時，四處擠滿高喊的可憐群眾，但是他們並沒有染指那些令他們讚嘆不已的物品，哪怕其中任何一件都能換來吃上許多天的麵包。

群體對個體的這種道德淨化作用儘管不是一種恆定的法則，卻經常表現出來，甚至當情況不如我剛才引述的事例那麼嚴重時，也可以看到這種作用。我前面説過，戲院的觀眾希望劇中的英雄具有誇張的美德。而且我們也經常發現，即便觀眾品質低劣，也往往在戲院表現得一本正經。就是尋歡作樂之徒、皮條客、地痞流氓，在有些危險的場合或輕鬆的交談中，也經常變得細聲細語，雖然按他們的習慣講話也無傷大雅。

儘管群體經常放縱自己低劣的本能，但他們有時也為高尚的道德行為樹立典範。如果公正無私、任由天命、獻身於虛幻或真實的理想算是美德，那麼我們可以説群體往往具備這種美德，而且達到的層次就連最賢明的哲人也難以企及。他們當然是無意識地在踐行這些美德，然而這又何妨。如果群體不時進行思辨並關注他們的直接利益，那麼任何文明都不會在我們的地球上誕生，而人類也不會有任何歷史可言。

註釋：

[1] 這裏指布朗熱（Georges Boulanger, 1837-1891），法國將領、政治領袖，曾任陸軍將軍，他曾鼓動復仇，導致普法戰爭失敗。在離開軍界從政後，他於一八八八年提出修改憲法、解散議會，得到反政府各派支持，全國很快掀起「布朗熱主義」。一八八九年一月二十七日，在競選巴黎長官時，他得票很高，擊敗對手。共和國議會擔心他上台後篡奪政權，於是以陰謀顛覆國家罪起訴他。逃亡比利時和英國後，他於一八九一年九月在布魯塞爾自殺身亡。——譯者

[2] 這裏指一八七零年的普法戰爭，其主要原因是法國大使與普魯士國王商討西班牙王位繼承問題並初步達成協議，而普魯士宰相俾斯麥卻發表了有辱法國大使的言辭和一份充滿挑釁意味的電報。法國民眾對此異常憤怒，國王拿破崙三世於是在七月十九日向普魯士宣戰。——譯者

[3] 這裏指一八八五年法軍先在廣西鎮南關（今友誼關）被清軍將領馮子材擊敗，後又在越南諒山（Langson）受困失利，進而導致法國總理茹費理（Jules Ferry, 1832-1893）引咎辭職。——譯者

[4] 喀土穆（Khartoum），非洲國家蘇丹的首都，於一八八四年被英國人佔領。馬赫迪起義軍於一八八五年一月二十六日奪取了該城，還殺死了英國總督戈登。——譯者

[5] 經歷過巴黎圍困的人們就目睹過諸多事例，其中群體對子虛烏有的事情盲目輕信。頂樓上點燃的蠟燭，立刻就被視為向圍攻者發出的信號。但是只要稍加考慮就會明白，在數里開外根本不可能看到蠟燭的光線。

[6] 聖喬治（Saint George, 260-303），古羅馬騎兵軍官，因反對迫害基督徒被殺，於四九四年被教皇傑拉西烏斯一世封聖。——譯者

[7] 德福塞（Joseph Romain-Desfossés, 1798-1864），法國海軍軍官、政客，法蘭西第二帝國時期曾任上將、部長、議員等職。——譯者

[8] 戴維（S. John Davey, 1863-1890），英國魔術師、心靈研究協會（SPR）成員，曾於一八八七年與友人理查德·霍奇森（Richard Hodgson）發文揭露通靈人威廉·埃格林頓（William Eglinton）的騙術。——譯者

[9]《心理學年鑒》（*Annales des Sciences Psychiques*），法國心理學雜誌，強調事實觀察而非理論構建，曾於一八九一——一九一九年在巴黎刊行，此處的報道載於一八九四年。——譯者

[10] 華萊士（Alfred Russel Wallace, 1823-1913），英國博物學家、探險家、生物學家，他提出的自然選擇進化學說對於達爾文撰寫《物種起源》很有啟發。——譯者

[11]《閃電報》（*Eclair*），一八九五年四月二十一日。

[12] 一八七零年九月一日，普軍和法軍在法國東北部城市色當開戰，拿破崙三世及其麾下的多名軍官被普軍俘虜，由此導致了普法戰爭中法國的失利，以法軍戰敗結束。——譯者

[13] 此處指吳士禮所著《拿破崙的衰敗》（*The Decline and Fall of Napoleon*, 1895）。——譯者

[14] 吳士禮（Garnet Joseph Wolseley, 1833-1913），英國陸軍將領，一八六零年曾隨英法遠征軍侵華，後任陸軍元帥。——譯者

[15] 我們能知道一場戰役確切的經過嗎？對此我深表懷疑。我們知道誰是勝利者、誰是戰敗者，大概僅此而已。作為見證人和參與者，德哈考特先生對於索爾費里諾戰役的講述，可能也適用於一切戰役：「將軍們（自然依據幾百名目擊者的線索）提交正式紀要；勤務官對此加以修改，並撰寫最終報告；參謀長提出反對意見，並根據新線索重寫；送到元帥那裏，他看後大叫『你們全搞錯了』，於是又以新版本代替。原始報告中的內容已所剩無幾。」德哈考特講述此事是要證明，即使是印象最深刻、觀察最充份的事件，人們也無法弄清當中的真相。

[16] 赫拉克勒斯（Hercules），主神宙斯與阿爾克墨涅之子，古希臘神話中最偉大的英雄。——譯者

[17] 穆罕默德（Mahomet，即 Muhammad, 570-632），伊斯蘭教領袖，被穆斯林奉為「先知」，對《古蘭經》的傳世和阿拉伯半島的統一貢獻巨大。——譯者

[18] 聖德肋撒（Sainte Thérèse, 1873-1897），法國天主教加爾默羅會修女，一生短暫而虔誠，患肺結核病逝，著有記述其心靈成長的書信散文集《靈魂經歷》（一八九八）。——譯者

[19] 由此就可以理解，為何有時被所有劇院經理拒絕的作品，在偶然上演後竟會大獲成功。大家都知道科佩（François Coppée（一八四二——一九零八），法國詩人、作家，著有劇作《過客》（一八六九）和詩集《卑微者》（一八七二）等。——譯者）的《為了王冠》最近取得了成功，儘管作者很有名望，但這部劇在過去十年卻始終被一線劇院的經理拒之門外。《查理的姑媽》（英國劇作家布蘭登·托馬斯（Brandon Thomas, 1848-1914）於一八九二年創作的三幕劇。——譯者）起先被所有劇院拒絕，最終由一位證券經紀人出資上演，之後在法國竟連演二百場、在英國一千多場。若非上述有關劇院經理在心理上無法替代民眾的解釋，這些既有能力又想謀利的個體為避免犯錯而出現這樣

的判斷失誤，實在是令人難以理解。針對這個主題，這裏我就不再深入展開分析，但它尤其值得類似薩爾塞〔Francisque Sarcey, 1827-1899，法國劇作家、心理學家。——譯者〕那樣既懂戲劇又深諳心理的人去探究一番。

[20] 塔爾德（Jean-Gabriel Tarde, 1843-1904），法國法學家、社會學家，著有《比較犯罪論》（一八八六）、《社會刑事研究》（一八九二）等。——譯者

[21] 法國大革命早期的激進黨派，主要以羅伯斯比爾、丹東、聖茹斯特為領袖。一七九三年六月，在推翻吉倫特派後，通過救國委員會實施專政。後來，隨着丹東等人被羅伯斯比爾處決後，黨派內部矛盾日益尖銳。一七九四年七月，熱月政變結束了該派的統治。——譯者

[22] 愷撒（Jules César, 102 BC-44 BC），羅馬政治家、軍事統帥，歷任財務官、祭司長、大法官、獨裁官等。公元前四四年，遭到布魯圖（Brutus）領導的元老院成員暗殺身亡。遇刺之後，其甥孫屋大維·奧古斯都擊敗安東尼，建立羅馬帝國。——譯者

[23] 一七九二年九月，巴黎的群眾衝入監獄殺死大量囚禁的貴族和神職人員，史稱「九月慘案」。——譯者

[24] 一五五九年法國國王亨利二世去世後，由王后卡特琳·德·美第奇（Catherine de Médicis）下令建造的宮殿，位於塞納河右岸，於一八七一年被焚毀。——譯者

第三章　群體的觀念、推理和想像

1、**群體的觀念**。基本觀念和次要觀念//矛盾觀念如何可以同時並存//高深的觀念必須經過改造才能為群眾接受//觀念的社會作用與它是否包含真理無關

2、**群體的推理**。群體不受理性的影響//群體的推理始終層次很低//它所關聯的觀念只具有表面的相似性或承接性

3、**群體的想像**。群體想像的力量//群體只會形象思維，這些形象之間毫無承接關係//群體尤其會被事物奇幻的一面觸動//奇幻和傳說是文明的真正支柱//大眾想像始終是政客權力的基礎//如何呈現能夠觸動群體想像的事實

1、群體的觀念

在上一本著作中，通過研究觀念在民族演變中的作用，我們指出每種文明都源於為數不多的幾個基本觀念，而且它們很少更新。我們已經闡明這些觀念在群體頭腦中如何建立、進入頭腦時面對的困難，以及這些觀念植入後具有的力量。最後我們還表明，歷史大動盪往往都源於這些基本觀念的變革。

鑒於已經充份討論過這個主題，所以我現在就不再加以重述，而只簡單談談群體可以理解的觀念，以及他們對這些觀念的構思方式。

我們可以將觀念分成兩類。一類包括那些偶然出現的暫時觀念，它們在一時影響之下萌生，比如對一個人或一種教義的癡迷；另一類指那些基本觀念，它們被環境、遺傳和輿論賦予極大的穩定性，比如過去的宗教觀念以及今天的民主和社會觀念。

基本觀念好比那緩緩流淌的河水；而暫時觀念好比那細浪，永遠處於變化之中並攪動着水面，儘管無足輕重，卻比河水的流動更為明顯。

時至今日，父輩們堅守的那些崇高的基本觀念正搖搖欲墜。這些觀念已經失去了堅實的基礎，而基於它們建立的制度也已深深動搖。當前，我剛才所言的那種微不足道、轉瞬即逝的觀念每天都在大量湧現，但似乎很少能發展壯大並產生舉足輕重的影響。

不論暗示給群體何種觀念，只有賦予它們一種最絕對、最簡單的形式，這些觀念才會佔據主導作用。於是，它們以形象的方式表現出來，而且只有通過這種形式才能為群體理解。這些形象化的觀念之間，不存在任何邏輯上的相似或承接關係，它們可以相互取代，正如魔幻萬花筒中那些層層疊加的玻片，操作者可以從匣盒中抽取出來。因此，我們在群體中可以看到決然矛盾的觀念持續共存的局面。隨着時間的變化，群體會受理解範圍內不同觀念之中某一個觀念的影響，並採取截然不同的行動。由於完全缺乏批判精神，群體根本洞察不到這些矛盾。

這種現象並非群體所特有。在許多孤立個體之中都可以看到這種現象，這不僅包括原始人，而且包括在某個精神層面接近原始人的所有個體，比如那些宗教信仰強烈的派別。我發現這種現象在印度文人當中尤其突出：他們在我們歐洲的大學接受教育並獲得文憑，在他們傳承的那套不變的宗教或社會觀念之上，又附加了一套與之毫不相干的西方觀念，而且後者絲毫不會改變前者。隨着時間的變化，這套或那套觀念就會表現出來，並伴有各自特殊的言談舉止，同一個人由此顯得極其矛盾。不過，這些矛盾更多只是表面現象，而並非真實情況，因為這些傳承的觀念如此強大，定然會成為孤立個體行為舉止的動因。只有當一個人由於種族通婚而為不同傳統驅動時，他才會不時真正表現出截然相反的行為。儘管這些現象在心理學上十分重要，不過在此過多糾纏並無益處。我認為要理解這些現象，至少需要十年時間去周遊各地並進行考察。

觀念只有具有十分簡單的形式才能為群體理解，因此必須要經過一番徹底的改造才能成為大眾觀念。當涉及那些略顯高深的哲學或科學觀念時，我們看到為適應群體的水平，就有必要逐步對它們進行多麼深刻的改造。雖然這些改造多由群體的類型或群體所屬的種族決定，但它們始終呈現出低俗和簡化的趨勢。這也是為何從社會角度看，其實並不存在觀念的等級之說，也即觀念的高低之分。當一種觀念深入群體並發揮作用時，不管最初多麼恢宏或多麼真實，它基本上已經失去所有那些使之高深和恢宏的成份。

此外從社會角度看，一個觀念的等級價值也並不重要，它所產生的效果才是考慮的對象。中世紀的基督教觀念、上世紀的民主觀念、今天的社會觀念，它們顯然都並不是特別高深。從哲學上來看，只能將它們視為令人遺憾的謬誤。然而，它們已經或將要發揮的作用卻十分巨大，而且也是長期主導各國政府行動的核心因素。

甚至當觀念經過改造並為群體所理解後，也只有當它進入群體的無意識並轉變成為一種情感時才能發揮作用。這個過程歷來十分漫長，而且其中涉及各種途徑，對此我們後續會加以研究。

切勿認為只要正確性得到證實，一種觀念就可以產生效應，甚至這對受過教育的人也是如此。只消看看那些最為清晰的證明對大多數人而言影響是何等微不足道，就會立刻明白這個道理。就算證據昭然若揭，會被一位有教養的聽眾接受，但這位新的皈依者很快就會被個人的無意識帶回原始思維當中。過不了幾天，就會看到他以同樣的言辭向你重述着他往日的論斷。其實，他仍處在以往觀念的影響之下，這些觀念已經轉化為情感，只有這些觀念才會影響我們言行舉止的深層動機。對群體來說，也毫無其他可能。

當一種觀念通過各種途徑最終深入群體內心，它便獲得一種勢不可擋的力量，並引發一系列人們必須忍受的後果。掀起法國大革命的那些哲學觀念，經歷將近一個世紀才在群體心中扎根。等到它們根深蒂固，勢不可擋的力量便盡人皆知。當全體民眾都奮勇向前，為爭取社會的平等、為實現抽象的權利和理想的自由而戰鬥時，就撼動了所有的王權，並使整個西方世界深陷混亂之中。在隨後的二十年，民眾互相攻擊，歐洲經歷的大屠殺可能讓成吉思汗[1]和帖木兒[2]都深感恐懼。世界還從未目睹一種思想的傳播竟能產生如此深遠的影響。

觀念在群體的頭腦之中建立需要很長的時間，而要根除這些觀念需要的時間同樣也不會少。因此從思想層面來看，群體始終落後於文人和哲學家幾代人的時間。當今的所有政客都清楚，我剛才所言的那些基本觀念之中含有謬誤，但由於它們的影響依然十分強勁，他們只能根據自己實際已經不再相信的原則來進行統治。

2、群體的推理

我們不能決然說，群體既不做推理，也不受理性影響。但從邏輯的角度看，群體採用的論據以及對群體產生影響的那些論據，由於其層次如此低下，也只能將它們視為類似推理。

和高級推理一樣，群體的低級推理也基於關聯之上。不過，群體所關聯的觀念之間只具有表面的相似或承接關係而已。群體的關聯方式類似因紐特人，後者憑經驗知道透明的冰塊在嘴裏會融化，於是便得出結論認為，同樣透明的玻璃在嘴裏也會融化；或者類似野蠻人，以為吃下驍勇敵手的心臟自己就有了膽量；又或像那些工人，由於曾受僱主盤剝，就認為所有僱主都是剝削者。

將只具有表面關係的不同事物關聯起來，並立即把特殊情況普遍化，這正是群體推理的特點。那些懂得操縱群體的人，總向他們灌輸這類推理模式，而且也只有這種推理模式可以影響群體。一系列的邏輯推理，群體根本無從理解。正是這個原因，不妨可以說群體不做推理或只會推理錯誤，並且不受推理的影響。在閱讀有些演説稿時，人們有時會對其中的弱點驚訝不已，然而它們卻對聽眾產生過巨大的影響。因為人們已經忘記，這些演説是為吸引民眾而做，而非寫給哲學家去讀。同群體交往密切的演説家，知道如何喚起那些蠱惑群體的形象。只要做到這一點，他就達到了目的。經過深思熟慮撰寫的二十部長篇論著要説服民眾，也絕不如幾句打動人心的話。

這裏無須贅言，正因為群體沒有能力加以正確推理，故而也難有任何批判精神，也即可以辨別真偽並對事態進行準確判斷的能力。群體接受的判斷無非強加於己的判斷，而絕非討論得出的判斷。在這方面，許多人並未超出群體水平。有些觀點之所以輕而易舉就得到普遍認同，正是因為大多數人無法根據自己的推理形成個人獨特的看法。

3、群體的想像

正如缺乏推理能力的個體那樣，群體的想像不僅非常強烈，而且十分活躍，並極易受到影響。一個人物、一則事件或一次意外在他們頭腦中喚起的形象基本上與真實事物同樣逼真。群體多少有點像沉睡的人，理性已被暫時懸置；頭腦中由此產生極為鮮明的形象，但只要加以反思的話，這些形象便會迅速消失。由於群體沒有反思和推理能力，自然不懂何為子虛烏有：那些最不真實的東西，通常也最能打動人心。

正是這個原因，事件玄幻與傳奇的成份始終最能打動群體。當人們去探析一種文明時，會發現這些奇幻和傳說其實才是文明真正的支柱。在歷史上，表相發揮的作用永遠比真相更為重要，而虛構始終主導着真實。

群體只會形象思維，也只能被形象打動。只有形象能震懾或吸引群體，並成為人們的行為動機。

正因為如此，能清晰呈現形象的戲劇表演始終可以對群體產生巨大影響。對古羅馬民眾而言，麵包和戲劇構成了幸福的理想，除此之外別無他求。在隨後的時代裏，這種理想很少改變。沒有任何東西比戲劇表演更能激發各種群體的想像。全場觀眾同時體驗着相同的情感，這些情感之所以沒有立刻化為行動，因為最無意識的觀眾也不能忽略自己只是幻覺的犧牲品，他不過是在為虛構的歷險歡笑或流淚。然而，有時形象暗示產生的情感十分強烈，正如那些習慣性暗示一樣，它們也趨於轉變為行動。人們經常談起這家大眾劇院：因為它只上演黑色劇目，所以必須要在出口處保護扮演叛徒的演員，以免他遭憤怒的觀眾暴打，而這位叛徒的罪行也只是假想而已。我想這正是群體心理狀態最顯著的特徵之一，尤其說明要暗示群體是何等容易。虛幻對群體的作用幾乎與真實等同，而它們明顯傾向於對此不加區分。

正是在大眾的想像之上，建立了征服者的強權和國家的力量。正是通過對這種想像施加影響，人們方可引導群體。所有重大歷史事件，比如佛教、基督教和伊斯蘭教的創立，宗教改革，法國大革命以及現今社會主義的蔓延，都是群體想像受到強烈影響產生的直接或間接結果。

此外，所有時代各個國家的那些偉大政客，其中包括最專橫的暴君，他們都把大眾的想像視為自己權力的基礎，也絕不會與之對抗來進行統治。拿破崙曾對國會說：「我讓自己變成天主教徒，結束了旺代戰爭[3]；我讓自己變成穆斯林，在埃及站住了腳；我讓自己變成教皇權力的擁護者，在意大利贏得了神父們的支持。如果我要統治猶太人民，我就要重建所羅門神廟。」自亞歷山大[4]和愷撒以來，或許還從未有任何偉大人物像他那樣，能透徹地明白如何影響群體的想像。他始終關注如何打動群體的想像。在勝利時、在演講中、在言談裏、在所有行動中，他思考着這個問題。就是臨終之際，他依然思考着這個問題。

那如何打動群眾的想像呢？我們很快便會知曉。目前我們只需說，這絕非通過影響智力或理性來實現，也即通過示範論證達到目的。為聚眾反對愷撒的謀殺者，安東尼[5]無須精妙的言辭，而是指着愷撒的屍體向民眾宣誓。

所有打動群體想像的事物都會呈現出奪人耳目的鮮明形象，這裏沒有任何多餘的解釋，與之相伴的只是幾件奇幻或神秘的事實：一場偉大的勝利、一幕恢宏的奇觀、一樁滔天的罪行、一個遠大的期望。必須籠統地呈現這些事情，而絕不明示其中的緣由。一百例輕罪或一百件小事，絲毫不會觸動群體的想像；而一樁重罪或一場災難卻會深深地打動他們，即使由此造成的傷亡比那一百件小事的傷亡總和更小。幾年以前，一場流感爆發後，幾週之內就在巴黎奪去五千人的性命，卻很少觸動大眾的想像。顯然，這種真實的死亡沒有以生動的形象表現出來，而只通過每週的統計信息發佈。如果一場事故僅造成五百人而非五千人死亡，在同一天發生在公眾場合，並由引人注目的事件導致，比如埃菲爾鐵塔轟然倒塌，這將對群眾的想像產生重大影響。一艘穿越大西洋的輪船，由於沒有任何消息，人們推測它已沉沒海底，此事在一週之內都深深觸動着民眾的想像。然而官方統計數據顯示，僅在一八九四年就有八百五十條帆船和二百零八艘汽輪失事。這些接連不斷的海難，儘管造成的生命和財產損失與剛才提到的那艘越洋輪船同等重大，群眾對此卻絲毫未加關注。

激發大眾想像的不是事實本身，而是事實傳播和呈現的方式。事實必須通過凝縮——如果我可以如此表述的話——產生一幅感人的形象，並由此佔據和迷惑人心。誰理解了影響群體想像的藝術，也就掌握了統治他們的藝術。

註釋：

[1] 成吉思汗（Gengiskhan, 1162-1227），本名鐵木真，古代蒙古可汗、政治家、軍事家，一二零六年建立蒙古汗國，此後多次發動對外戰爭，曾攻至中亞和西歐等地。——譯者

[2] 帖木兒（Tamerlan, 1336-1405），帖木兒帝國開國君王。出身突厥化的蒙古貴族。曾征服過西亞、中亞和南亞諸多國家。——譯者

[3] 法國大革命期間發生的保王黨反革命叛亂。——譯者

[4] 亞歷山大（Alexandre, 356 BC-323 BC），馬其頓國王，曾師從亞里士多德。在統一希臘後，打敗波斯帝國，並遠征印度河流域，後在巴比倫感染傷寒而英年早逝。——譯者

[5] 安東尼（Marc Antoine, 約 82 BC-30 BC），古羅馬政治家、軍事家，愷撒遇刺後與屋大維（Octave）和李必達（Lépide）組成三頭政治聯盟，後與屋大維不和致使聯盟分裂。於公元前三零年自殺身亡。——譯者

第四章　群體的信念具有的宗教形式

宗教情感的構成//它獨立於對神靈的膜拜//它的特點//信念的力量源於其宗教形式//不同的事例//民眾信奉的神靈從未消失//它們復活的新形式//無神論的宗教形式//從歷史角度看這些觀念的重要性//宗教改革、聖巴托羅繆慘案、恐怖時期等所有類似事件都是群體宗教情感的必然結果，而非孤立個人的意志使然

我們已經表明，群體不加推理；對觀念要麼全盤接受，要麼一概拒絕；他們既不容討論，也不許反駁；那些作用於他們的暗示，會徹底佔據他們的認知領地，並趨於立刻化為行動。我們還表明，群體在受到適當暗示後，會隨時為暗示給他們的理想英勇獻身。我們也看到，群體只有狂暴而極端的情感，好感會馬上變成崇拜，而厭惡一旦產生就會化為仇恨。這些普遍指徵已經揭示出群體信念的本質。

在對群體的信念進行詳細考察後，我們會發現不論是在信仰狂熱時代，還是在政治動盪年代，正如上個世紀那樣，這些信念始終具有一種特殊的形式，除將其稱為「宗教情感」外，我也難以給出更好的稱呼。

這種情感的特點十分簡單：崇拜公認的梟雄豪傑，畏懼人們賦予他的權力，盲目服從他的命令，對他的信條不加議論並熱衷於它們的傳播，傾向於將所有拒不接受的個體視為敵人。不論這種情感針對的是一個無形的上帝、一尊石雕或木刻偶像、一位英雄還是一種政治理念，只要表現出上述特徵，它在本質上就始終帶有宗教色彩。在這種情感中，超自然和奇幻的成份並存。對瞬間讓自己狂熱的政治綱領或凱旋的首領，群體無意間便賦予他們一種神秘的力量。

僅是膜拜一位神靈，還算不上虔誠。只有當他將所有精神資源、服從意願和癡迷狂熱全部奉獻給一項事業或一個人，並作為自己思想和行動的目標與準則時，他才算虔誠。

偏狹與狂熱必然同宗教情感相伴。對那些自信掌握現世或永生幸福秘密的個人而言，這種情況更是不可避免。在為某種信念揭竿而起的人群當中，也始終存在這兩種特徵。恐怖時期的雅各賓派在本質上與宗教法庭時代的天主教徒一樣虔誠，他們殘暴的熱情有着同樣的來源。

群體的信念具有盲目服從、極度偏狹、熱衷宣傳等宗教情感固有的特點，因此我們可以說，他們的所有信念都具有宗教的形式。群體擁戴的英雄，對它來說儼然就是一尊神。在十五年之內，拿破崙就是這樣的神。從來沒有任何神靈擁有更為虔誠的崇拜者，也沒有任何人能更輕易讓人戰死疆場。就是異教和基督教的神，也從未對信徒實施更為絕對的統治。

那些宗教或政治信仰之所以由締造者創立，正是因為他們都懂得向群體灌輸這種狂熱的宗教情感，由此讓人們在崇拜與服從中找到自己的幸福，並隨時準備為自己的偶像犧牲性命。所有時代莫不如此。在論述羅馬-高盧人的傑作中，甫斯特爾·德·庫朗日[1]就正確地指出，羅馬帝國的維持靠的絕不是武力，而是它激發的宗教膜拜。「一個令民眾憎惡的政體能維持五個世紀之久，」他頗有道理地寫道，「這在世界歷史上也絕無僅有……很難去解釋羅馬帝國區區三十個軍團竟能讓一億人臣服。」他們之所以屈服，那是因為象徵羅馬偉大榮耀的皇帝，他像神一樣受到了全體民眾的敬仰。即使在帝國最小的城鎮轄區，都設有皇帝的祭壇。「我們可以看到，從帝國的一端到另一端，當時民眾心中興起一種全新的宗教，並將皇帝作為神靈崇拜。在基督教時代之前許多年，由六十座城市代表的整個高盧地區，共同在里昂城附近建起一座神殿，以紀念奧古斯都[2]皇帝……那些由高盧城市議會選出的祭司，則是當地的重要人物……不可能將這一切都歸因於畏懼和奴性。全體人民不可能全是奴隸，更不可能為奴三個世紀。崇拜君王的並非那些廷臣，而是羅馬帝國。這不僅在羅馬，在高盧、西班牙、希臘和亞洲也都如此。」

如今，那些贏得民心的大多數偉人，已經不再被設立祭壇，但他們依然有雕像或畫像，而且人們對他們的膜拜與過去的膜拜方式並沒有甚麼顯著差別。只要深入探究群眾心理中的這一基本特點，就能洞悉歷史的哲學：要麼成為民眾的神，要麼甚麼都不是。

不要以為這是另一個時代的迷信，早已徹底被理性清除。在與理性永恆的鬥爭中，情感還從未敗北。群眾如今已不願聆聽神靈或宗教的旨意，因為他們為此遭受過長期的奴役。然而一百年以來，民眾還從未像現在這樣擁有這麼多的膜拜偶像，古老的神明也從未有如此多的雕像和聖壇為它們而立。倘若有學者近年研究過以布朗熱主義為名的大眾運動，他們理應可以看到群體的宗教本能是多麼容易復活。沒有一家鄉村客棧不掛着這位英雄的畫像。人們賦予他匡扶正義、鏟除邪惡的權力，成千上萬的人會為他獻出生命。如果他的性格可與他的傳奇媲美，他會在歷史上佔據何等顯赫的地位！

由此可見，重申群眾需要宗教，實為無用的陳詞濫調。一切政治、神學或社會信條，只有具有宗教形式才能在群體中建立，這種形式可使它們免遭議論。如果無神論有可能被群眾接受的話，它也會具有宗教情感那種偏狹的狂熱，並在外部形式上很快變成一種儀式。實證主義這一派別的演變為我們提供了一個奇特的例證。發生在該派的情況也出現在了這位虛無主義者身上，思想深刻的陀思妥耶夫斯基[3]為我們講述了相關的故事。在理性光芒的啟發之下，有一天他砸碎小教堂祭壇上神靈和聖人的塑像，熄滅了蠟燭，並立即用無神論哲學家（比如畢希納[4]和莫勒斯霍特[5]）的著作代替了那些毀壞的物像，然後又虔誠地點燃了蠟燭。在他的宗教信仰對象改變之後，果真可以說他的宗教情感也已發生改變嗎？

我要再次重申，只有關注群體信仰最終採取的宗教形式時，才能理解有些歷史事件，尤其那些極其重要的事件。有些社會現象更應從心理學的角度，而非從自然主義的角度去研究。偉大的歷史學家泰納僅從自然主義角度研究法國大革命，故而時常找不到有些事件的真正起源。他對歷史事實加以詳察，但由於對群體心理不加研究，所以始終未能追溯事件的起因。那些事件血腥、混亂、殘暴的一面令他深感恐懼，於是從這部偉大史詩當中的英雄人物身上，他只看到一群癲狂的野蠻人隨心所欲地恣意妄為。只有將法國大革命視為在民眾心中建立的一種全新宗教信仰時，它的暴虐、它的屠戮、它的宣傳需要以及它向所有國王發出的宣戰才能自圓其說。宗教改革、聖巴托羅繆慘案[6]、宗教戰爭、宗教法庭和恐怖時期[7]屬於同一類現象，它們都是群體的宗教情感在被煽動後，以兵刃和烈火無情地摧毀一切有礙全新信仰建立的結果。宗教法庭採取的辦法，只有真正的信徒才會援用。如果他們採用其他辦法，他們也就不再是信徒。

類似我剛才提到的這些動盪，只有群體的心理使然才可能發生，即便最專制的暴君對此也無能為力。如果歷史學家告訴我們，聖巴托羅繆慘案乃國王一人所為，那他們對群體的心理和國王的心理都同樣無知。類似的行為表現只能出自群體的心理。最獨裁的君主即使擁有絕對的權力，至多是稍微加快或延緩事態的進程。製造聖巴托羅繆慘案或宗教戰爭的並非那些國王，正如醞釀恐怖時期的也並非羅伯斯比爾[8]、丹東[9]或聖茹斯特[10]。在此類事件背後，我們始終可以看到群體的精神，而從未看到國王的強權。

註釋：

[1] 甫斯特爾·德·庫朗日（Fustel de Coulanges, 1830-1889），法國歷史學家、社會學家，著有《古代城邦》（一八六四）、《古代法國政治制度史》（一八七四—一八九二）等。——譯者

[2] 奧古斯都（Auguste, 63 BC-AD 14），原名蓋烏斯·屋大維（Caius Octave），愷撒的甥孫和養子，公元前四四年愷撒遇刺後擊敗安東尼，建立羅馬帝國稱帝。——譯者

[3] 陀思妥耶夫斯基（Feodor Dostoïewsky, 1821-1881），俄國作家，著有《罪與罰》（一八六六）、《白癡》（一八六八）、《卡拉馬佐夫兄弟》（一八八零）等長篇小說。——譯者

[4] 畢希納（Ludwig Büchner, 1824-1899），德國醫生、生理學家、哲學家，倡導科學唯物主義，並因出版《力量與物質》（一八五五）而聲名鵲起。——譯者

[5] 莫勒斯霍特（Jacob Moleschott, 1822-1893），荷蘭生理學家、哲學家，著有《生命循環》（一八五二）等。——譯者

[6] 一五七二年八月二十三日在巴黎發生的法國天主教派對基督教新教胡格諾派的大屠殺，暴行持續了幾個月，據估計約有三千人喪命，史稱「聖巴托羅繆大屠殺」。——譯者

[7] 恐怖時期指法國大革命期間一七九三—一七九四年由羅伯斯比爾領導的雅各賓派統治法國的時期。他們宣揚激進的共和主義，執政時期推行恐怖政策，將數千反革命嫌疑分子送上了斷頭台。——譯者

[8] 羅伯斯比爾（Maximilien de Robespierre, 1758-1794），法國大革命時期政治家、重要人物、雅各賓派領袖，一七九四年七月二十七日「熱月政變」後被捕，次日被國民公會處決。——譯者

[9] 丹東（Georges Jacques Danton, 1759-1794），法國大革命時期政治家、社會活動家、雅各賓派領袖之一，立場溫和，因提倡寬容而與羅伯斯比爾產生分歧，最後遭到救國委員會排擠和迫害。——譯者

[10] 聖茹斯特（Louis Antoine de Saint-Just, 1767-1794），法國大革命時期極左人物、演說家，生性冷酷殘暴，一七九二年八月十日發表處決路易十六的演說。「熱月政變」後被捕，被國民公會處決。——譯者

中篇　群體的觀點與信仰

第一章　群體觀點與信仰的間接因素

群體信仰的準備因素//群體信仰的誕生乃先前鋪設的結果//研究信仰的各種影響因素

1、種族。它所施加的主導影響//它代表着先輩的暗示

2、傳統。它們是種族精神的綜合產物//傳統的社會意義//在成為必要之後，它們如何變得有害//群體是傳統思想最堅定的維護者

3、時間。它為信仰的建立逐步做好鋪墊，然後又促使其毀滅//正是依靠時間才從混亂中建立秩序

4、**社會政治制度**。對其作用的錯誤認識//它們的影響極其微弱//它們是結果，而非原因//民族不能選擇自認最好的制度//制度只是標籤，在同樣的名義之下掩蓋着決然不同的東西//組織是如何形成的//理論上不好的制度對某些民族卻是必要的，比如集權制

5、**教育**。當前群體中關於教育影響的錯誤觀點//統計說明//拉丁教育對道德的破壞作用//教育可能發揮的作用//不同民族提供的事例

在研究群體的心理結構之後，我們懂得了群體感受、思考和推理的方式。現在，我們要考察群體的觀點和信仰如何產生和建立。

決定這些觀點和信仰的因素分為兩類：間接因素和直接因素。

間接因素使群體能夠接受某些信念，而拒絕其他信念的滲入。這些因素為新思想的突然萌生鋪好沃土，由此產生的力量和結果令人吃驚，不過這種自發性只是一種表象而已。有些思想在群體中的爆發和付諸實踐有時表現得極為迅猛。然而，這只是一種表面現象，在其背後肯定有先前良久的準備工作。

直接因素有賴於長期的準備工作，若沒有這種鋪墊它們也難以發揮作用。這些因素激起群體的主動勸導機制，賦予觀念以形式並導致各種結果的發生。在直接因素的推動下，群體中產生的決議會讓集體頃刻之間就揭竿而起。在這類因素影響下，會爆發一次騷亂或一場罷工；同樣在它們的影響下，民眾會擁立某人掌權，或者去推翻一個政府。

在所有重大歷史事件中，我們看到這兩種因素相繼發生作用。這裏舉一例最令人震驚的事件，法國大革命的間接因素包括哲人的著書立說、貴族的強徵暴斂以及科學思想的進步。群眾的思想經過如此洗禮，很容易受到直接因素的鼓動，比如演説家的言論以及王室對於漸進改革的抵抗等。

在間接因素之中，有些因素普遍存在於群體所有信仰和觀念的底層深處，這其中包括種族、傳統、時代、制度和教育。下面，我們將逐個研究這些不同因素的作用。

1、種族

種族這個因素必須列在首位，因為它本身遠比其他因素重要。在上一本著作中，我們已對種族進行充份的研究，這裏無須展開詳細的討論。在那本著作裏，我們闡述了甚麼是歷史種族以及當它的特徵形成之後，通過遺傳法則獲得的力量十分巨大，以至於種族的信仰、制度和藝術——簡言之即文明的所有元素——都已成為其靈魂的外在表現形式。我們從中也説明，種族的力量尤其強大，任何元素如果不經歷最為深刻的變化，絕不可能從一個民族轉移至另一個民族[1]。社會環境、形勢和事件代表當時的社會暗示，它們或許影響十分重大，但如果這種影響與種族的暗示相對立，即與祖先傳承的東西背道而馳，那麼影響也只會轉瞬即逝。

在本書的多個章節中，我們仍有機會談論種族的影響，以借此表明這種影響甚為強大，並決定着群體的精神特徵。也正是這個原因，不同國家的民眾在信仰和行為中不僅會表現出顯著的差異，而且不可能以同樣的方式受到影響。

2、傳統

傳統代表着過去的觀念、訴求和情感。它們是種族的綜合產物，並對我們施以巨大的影響。

自從胚胎研究揭示出歷史對個體進化的巨大影響之後，生物科學便發生了變化。隨着這種進化觀念的廣泛傳播，歷史科學想必也會發生類似的變化。目前，這種觀念仍未得到充份的傳播，許多政客同上個世紀的理論學家止步於此，認為一個社會可以和過去決裂，並在理性之光的指引下利用所有碎片進行重建。

一個民族是歷史創造的有機體。正如一切有機體，它只能通過世代的積累緩慢地自行發生改變。

引導人們的是他們的傳統，尤其當他們形成群體之後。正如我多次重述的那樣，他們輕而易舉改變的，只是傳統的名稱和外部形式而已。

事實如此，無須遺憾。沒有傳統，就沒有民族精神，也不會有任何文明。自人類存在以來，便忙於兩件大事：一是構建傳統體系，二是當體系益處用盡時摧毀它們。沒有傳統，就沒有文明；不摧毀這些傳統，便不會有進步。難點在於要在穩定與變革之間找到絕妙的平衡，其中的挑戰巨大。一個民族的習俗如果經歷許多代人依然非常頑固，正如以前的中國[2]，它就不再改變並無力自我完善。暴力革命對此也無能為力，因為這只會帶來以下結果：要麼是砸碎的傳統枷鎖重新鏈接起來，於是過去原封不動地恢復統治；要麼是傳統支離破碎，進而導致無政府狀態和隨之而來的衰敗。

因此，一個民族的理想狀態，就是守護過去的制度，並悄無聲息地逐步加以改良。這種理想難以企及，也只有古代的羅馬人和現代的英國人基本上實現過。

堅決固守傳統觀念並頑強抵抗變革的正是群體，而對那些業已形成階層的群體更是如此。我曾堅持認為群體思想保守，並指出許多最激烈的暴動最終也只是名義上的改變。上個世紀末，教堂被摧毀，神父被驅逐或送上斷頭台，天主教遭到廣泛迫害，人們或許以為古老的宗教觀念已經權力盡失。然而沒過幾年，為順應民眾普遍的呼聲，業已廢除的宗教儀式又得以重建[3]。一時消失的古老傳統，又再度佔據了統治地位。

沒有任何事例能更好地反映傳統向群體的精神施加的威力。廟堂裏供奉的不是最可怕的偶像，宮殿中居住的也不是最專制的暴君。它們瞬間就可以被摧毀，但對那些統治我們靈魂的隱形主人，任何反抗都無濟於事，只有用數個世紀才能慢慢將其消磨。

3、時間

在社會問題以及生物學問題當中，時間都是最具活力的因素之一。它是唯一真正的締造者，又是唯一偉大的毀滅者。正是時間使沙粒堆積成山峰，並使地質時代無名的細胞孕育出高貴的人類。只要經歷多個世紀，便足以改變任何現象。有人頗有道理地說，如果一隻螞蟻擁有充足的時間，它可以把勃朗峰夷為平地。一個人如果具有隨意改變時間的魔法，他便擁有了信徒歸功於上帝的權力。

不過，這裏我們只討論時間對群體觀點形成的影響。從這個角度看，它依然發揮着巨大的作用。那些巨大的力量，比如種族，必須依賴時間，沒有它這種力量也無從形成。時間讓所有信仰誕生、壯大和滅亡：正是由於它，這些信仰獲得力量；同樣由於它，這些信仰又喪失力量。

時間孕育了群體的觀點和信念，或至少為它們的誕生提供了沃土。故而有些思想在一個時代可以實現，而在另一個時代卻無法實現。正是時間將信仰和思想的碎片匯集起來，並由此誕生一個時代的觀念。這些觀念並非隨機產生於偶然之間，而是植根於漫長的過去。它們之所以開花，是因為時間孕育了苞蕾。要想了解它們的起源，就必須回顧過去的歲月。它們是過去的兒女、未來的母親，但永遠是時間的奴隸。

因此，時間是我們真正的主人。只要任其發揮作用，就可以目睹一切變化。現今，我們面對群體可怕的祈願以及由此昭示的毀滅和騷亂而深感不安。只有時間能擔負起重建平衡的責任。「任何政治體制都並非一天之內建立，」拉維斯[4]先生如是寫道，「社會和政治組織都是經歷多個世紀的產物。封建制度在確立規章之前，經歷了數個世紀的不確定與混亂；君主專制在找到固定的統治方式之前，同樣經歷了數個世紀的時間。而在這期間，伴有巨大的動盪。」

4、社會政治制度

有觀點認為，制度能夠矯正社會弊端，民族的進步是制度和政府完善的結果，社會變革可以通過法令來實現。我要說這種觀點仍然廣為流傳。法國大革命就以它為起點，而當前的社會學說也以它為依據。

持續不斷的經驗也未能動搖這種可怕的怪論。哲學家和史學家力圖證明其荒謬之處，但亦是徒勞無功。然而，其實不難說明制度是觀念、情感和習俗的產物，重寫法典並非就能改變觀念、情感和習俗。正如人不能隨意選擇自己眼睛或頭髮的顏色，一個民族也不能隨意選擇自己的制度。制度和政府都是種族的產物，二者並非一個時代的締造者，而是這個時代的創造物。人民得以被統治，不是他們一時興起，而是他們的性格使然。一種政治體制的建立需要幾個世紀的時間，要改變它同樣需要幾個世紀。制度並無內在的優點，它們本身無所謂好壞。在特定時期對一個民族有益的制度，對另一個民族則可能有害。

一個民族絲毫沒有能力真正改變自己的制度。當然，以暴力革命為代價，可以改變制度的名稱，但它們在本質上卻並未改變。名稱不過是些無用的標籤，關注事物本質的歷史學家也無須理會它們。正因為如此，英國作為世界上最民主的國家[5]，仍處於君主制的統治之下；而那些原屬西班牙的美洲共和國，儘管採取的是共和制，卻遭受着最沉重的專制壓迫。是人民的性格而非政府決定着民族的命運。在上一本著作中，我曾試圖借助明確的事例來證實這一觀點。

因此，花費時間編制各種憲章，是一件極其幼稚的任務，亦如無知的演説家無果的練習。需要和時間會擔當起制定憲章的角色，只要人們有膽識讓這兩個因素自行發揮作用。盎格魯-撒克遜人就是這樣行事，正如他們的偉大歷史學家麥考利[6]在一段文字所言，而那段文字拉丁民族各國的政客都應當牢記在心。他闡明了人們制定法律的所有好處，不過從純理性的角度看，這些法律似乎又混亂不堪，充滿荒謬和矛盾。隨後，他比較了歐美拉丁民族在動盪時期廢止的多種憲法與英國的憲法，繼而指出英國的憲法變革尤為緩慢且逐步發生，並受直接需求而非抽象推理影響。「從不擔心是否對稱，更多考慮是否實用；從不因為某個東西異常而消除它；除非弊病出現，否則絕不進行革新，而且革新力度以消除弊病為止；在設立憲法條款時，絕不擴大個例的整治範圍。以上便是從約翰國王至維多利亞女王時代的治國原則，它們基本上已經指導我們二百五十屆議會的決議。」

有必要對每個民族的法律和制度逐條加以研究，以說明它們在多大程度上反映了這個種族的需要且因此尚未出現激烈的變革。比如，我們可以從哲學上論證集權制的好處和弊端，但當我們看到不同種族構成的人民經過一千年的努力才逐漸建立起這種集權制；當我們發現一場浩大的革命力圖去摧毀過去所有的制度，卻不僅被迫尊重這種集權制，甚至還進一步將其強化；我們或許可以坦言，它既是迫切需要的產物，也是這個民族的生存條件，而對那些妄談摧毀集權制的政客，我們應當對他們鄙薄的見識報以憐憫。如果他們偶然獲勝，那麼這種勝利將是一場可怕內戰[7]爆發的信號，並將由此帶來一種比先前制度更為深重的全新集權模式。

綜上所述，我們不應當從制度當中尋找深刻影響群體心理的方法。當我們發現有些國家，比如美國，通過民主制度取得高度的繁榮；我們同時也應當看到另一些國家，比如那些原屬西班牙的美洲共和國，儘管採取完全相同的制度，卻在可悲的混亂狀態之中掙扎。我們當然可以說，有些國家興盛而有些衰敗，這和制度並不相關。人民的管理方式由他們的性格特徵決定，如果制度不根據這種特徵量身打造，那也只是一件借來的外衣、一種暫時的偽裝。當然，為強行建立某些制度，已經發生並還將繼續發生許多血腥戰爭和暴力革命。正如聖人的遺骨，這些制度已被賦予創造幸福的超自然力量。從某種意義上來說，制度可以作用於群體心理，因為它們會引發類似的動盪。然而，其實發揮作用的並不是制度，因為我們知道不論成敗，制度本身並無好壞之分。作用於群體心理的是幻覺和詞語。尤其是詞語，那些虛幻而強大的詞語，我們很快就將揭示它們驚人的統治力量。

5、教育

我們之前曾指出，一個時代的主導觀念為數雖少但力量強大，即便它們有時純粹是虛幻。如今，以下觀念就正處於主導地位：教育能極大地改造人，必定能讓人趨於完善，甚至還能使人平等。由於不斷重複，這種主張最終已經成為民主社會最不可動搖的信條之一。當前，要改變這種觀念，就像過去改變教會的信條一樣困難。

但在這個問題上，正如許多其他問題，民主觀念與心理學和經驗所得的結論有着很大的分歧。包括赫伯特·斯賓塞在內的許多傑出哲學家都毫不費力地指出，教育既不會讓人更講道德，也不會使人更加幸福；它既不能改變人的本能，也不能改變人天生的熱情；如果引導不當，教育的弊端遠大於好處。統計學家已經證實了這種觀點，並告訴我們犯罪率隨着教育，至少是某種教育的普及而增加；而且社會最可惡的敵人，即無政府主義分子，他們在學校通常都是折桂之人。在最近的一項調查中，傑出法官阿道夫．吉約先生指出，當前有文化罪犯和文盲罪犯的比例是三千：一千；在過去五十年中，犯罪率從每十萬居民二百二十七人上升到五百五十二人，其增長率為百分之一百三十三。他和自己的同事還發現，犯罪率在年輕人中增長尤其顯著，儘管大家都知道，學校的免費義務教育已經代替了繳費制。

當然，有人一定認為，引導得當的教育將帶來十分有用的實際效果，就算不能提升道德修養，至少也會培養職業技能。不幸的是，拉丁民族在過去二十五年將他們的教育制度建立在極其錯誤的原則上，儘管多位傑出思想家都對此提出批評，比如布雷亞爾[8]、甫斯特爾．德．庫朗日、泰納以及其他人，但人們依然堅持那些可悲的錯誤。我本人也在之前的一本著作中指出，我們當前的教育把多數接受教育的人變成了社會的敵人，並讓許多學子加入形勢極為惡劣的社會黨陣營之中。

這種教育（拉丁教育）的主要危險在於，它以一個根本錯誤的心理學觀點為基礎，認為背誦書本就可以拓展智力。於是，學生們拚命去學更多的書本知識。從小學到博士或教師資格考試，一個年輕人只會死記硬背書本內容，而絲毫不訓練自己的判斷力和主動性。教育對他來說，就是背書和服從。「學習課文，熟記語法或文章大意，不斷重複，認真模仿，」前公共教育部長儒勒．西蒙[9]先生寫道，「這種教育方式實在可笑，所有功課成了一種信仰，學生以為老師絕不會犯錯。這種教育只會削弱我們，並讓我們能力盡失。」

如果這種教育只是毫無用處，人們可以對這些不幸的孩子示以同情，儘管學校沒教會他們甚麼必要的東西，但至少講授了克洛泰爾[10]子嗣系譜、紐斯特里亞和奧斯特拉西亞[11]之間的爭鬥或動物分類的知識。然而，這種教育引發的危險要更為嚴重。它讓接受教育的人強烈地厭惡自己的生活狀態，並極力想從中逃離出去。工人不想再當工人，農民不想再做農民，下層資產階級除讓子女從事政府公職外從不考慮其他可能的職業。學校不是讓人為生活作好準備，而是將他們培養成公職人員；不必自我確定目標，也不用發揮任何主動性就可以獲得成功。在社會底層，這種教育創造出無產階級大軍，他們不滿自己的命運，隨時想動身造反；在社會高層，又培養出輕浮的資產階級，他們多疑而輕信，對國家既抱有迷信般的信任，卻又不斷加以批判，總將個人過錯歸咎於政府；如果沒有當局的介入，他們也無所事事。

國家用書本培養這麼多文憑持有者，但只能利用其中一小部份，所以只得讓其他人失業。因此，也只能養活先來者，而將後來者變成敵人。從社會金字塔的高層至底層，從普通職員到教授和區長，大量文憑持有者現今仍在圍攻各種職位。於是，一位商人很難找到代理去殖民地替自己辦事，而成千上萬的人卻在謀求那些最平庸的政府公職。僅塞納省就有兩萬名小學教師失業，他們蔑視農田或工場勞動，只好轉向國家以討生計。被選中者人數有限，而心懷憤懣者人數眾多。後者會隨時投身一切革命，也不管首領是誰，更不管革命目標何在。獲得知識卻找不到工作，必然會使人變成造反派[12]。

顯然，要逆轉這種形勢為時已晚。只有經驗終將揭示我們的錯誤，它是人們最好的老師。只有經驗足夠強大時才能證明必須要用職業教育取代那些可惡的書本和可悲的考試，並將年輕人帶回田間、工場和殖民事業當中，但如今他們對此卻竭力避而遠之。

當前，所有開明人士主張的這種職業教育，正是過去我們的父輩接受的教育，也是現今以意志力、主動性和創業精神主宰世界的人們懂得傳承的教育。在有些精彩的文章中——後續我會引用某些重要段落——泰納先生就曾明確指出，我們過去的教育與今天英美兩國的教育大體相似。在平行比較拉丁教育體系與盎格魯-撒克遜體系之後，他清晰地揭示出兩種方式帶來的後果。

嚴格來説，倘若表面上獲得很多知識、流利地背誦很多書本可以提高智力水平，我們或許會接受古典教育的全部弊端，雖然這只會培養無法立足和心懷不滿之人。然而，這果真會提高智力水平嗎？毫無可能！人生獲得成功的條件是判斷、經驗、幹勁和性格，書本當中絕對無法學到這些東西。書本是有用的參考工具，大段地把它們填入大腦的確毫無用處。

為何職業教育拓展智力的程度為古典教育所不及？泰納對此着力進行了闡述：

觀念只有在自然、正常的環境中才能形成。真正促進觀念萌發的，是年輕人每天從車間、礦山、法庭、事務所、工地和醫院獲得的大量感官印象。他目睹各種工具、材料和操作，面對客户、工人和勞動，見識製作優劣的產品，或賠本或賺錢。通過眼睛、耳朵、雙手甚至味覺獲取的獨特細微感知信息，個體會不由自主地收集並加以隱秘潤飾，在經過整合之後，它們遲早會以全新組合、簡化、經濟、改進或發明的形式向他提供某種暗示。這些寶貴的接觸機會，這些有待吸收的必需元素，法國青年在朝氣十足的年齡卻被全部剝奪；在七八年的時間裏，他被幽禁於學校，遠離個人親身體驗，而這原本可以讓他對世間人事以及為人處事的方式有個準確而清晰的認識。

……十個當中至少九人浪費了他們的時間和精力，他們人生的這幾年正是高效的幾年，可謂至關重要。首先，他們中間有一半或三分之二的人會被考試淘汰；然後，又有一半或三分之二的人通過考試、畢業、獲得學歷和文憑，我指那些超負荷工作的人。人們對他們苛求過多，讓他們在一天之中，坐在一把椅子上，面對一張黑板，連續兩小時學習各種科目，他們儼然已經成為知識的活體容器。誠然，當天的兩個小時裏，他們已經或基本吸納這些知識；但一個月過後，他們不再具備這些知識。他們沒法再次忍受考試，獲得的知識因過於繁重而不斷從頭腦中流失，新的知識又未加補充。他們的腦力開始衰退，旺盛的精力開始枯竭；等步入成年後，他們通常就完蛋了。他們安頓下來，結婚生子，落入生活的俗套，兜着同一個圈子，囿於狹隘的個人職場；他們認真完成本職工作，僅此而已。這就是他們普遍的收益，肯定入不敷出。在英美兩國，正如一七八九年以前的法國，人們的情況正好相反，收益持平或者更好。

接着，這位著名的歷史學家又揭示出我們的教育體系與盎格魯-撒克遜體系的差異。他們沒有我們那麼多的專業學校；他們的教學不以書本為主，而是以實物教學為主。比如，他們的工程師是在車間而絕非在學校裏培養的，這使每個人都可以達到智力許可的水平：如果無法更進一步，他就當工人或領班；如果能力允許，他就會成為工程師。這種方式顯然更加民主，對社會也更為有利，肯定勝過在十八至二十歲期間通過幾個小時的考試決定個人職業的做法。

在醫院、煤礦、工廠、建築設計室、律師事務所，入行的學生很早便當起學徒或開始實習，這有點類似國內事務所的文員或畫室的藝徒。在投入工作之前，他可以修讀一些入門和概論課，以便搭建一個框架，將隨後所得認識填充於內。根據能力達到的水平，經常會有幾門技術課，他可以利用閒暇時間學習，以逐步協調個人所獲的日常經驗。在這種體制下，實踐能力得到提高和拓展，達到的水平與學生的能力相稱，其方向符合他未來的工作需要，他今後也有意以此為業。通過這種方式，在英美兩國，年輕人很快就可以發揮自己的聰明才幹。在二十五歲或者更早，倘若不缺物質條件和資金，他不單是一名有用的操作工，還是一位天生的企業家；他不僅是一部齒輪，更是一台發動機。在法國，相反的體制佔據了主導，而且還隨一代又一代人變得愈發教條，由此造成了巨大的人力浪費。

針對我們拉丁民族教育與生活不斷擴大的差距，這位偉大的哲學家得出如下結論：

在兒童、少年和青年三個教育階段，着眼於考試、學歷、證書和文憑，坐在板櫈上針對書本的理論教學時間過長，而且負擔過重。由於只着眼於這些，教學手段可謂糟糕，實行的體制儼然違反本性和社會。應用實習開展過晚，實施寄宿制，進行人為訓練，開展填鴨式教學，學業負擔過重；不考慮以後的歲月，不考慮成年後男人必須擔負的職責；不管年輕人很快就投身其中的現實世界，不管他事先必須適應或妥協的社會環境，不管他在人際鬥爭中為了自衛和立足必須提前進行準備、武裝、訓練和磨礪。這種必不可少的武裝，這種比其他東西更為重要的學習，這種有益於意志和思維的錘鍊，我們的學校並未提供給他。學校不但沒讓他以後徹底具備這種能力，反而使他喪失了這種能力。自步入社會走上實際工作崗位之後，他會經常遇到一系列痛苦的挫折。他會因此遍體鱗傷，長期遭受傷痛，有時就此一蹶不振。這是一種殘酷而危險的考驗。個人的道德和精神平衡嚴重受損，而且有無法恢復之險。猛然徹底覺醒之後，失望未免太大，挫敗未免太盛。[13]

以上所述是否已經偏離群體心理的主題？絕對沒有。要想明白那些現今在群眾中萌動、以後即將湧現的觀念和信仰，就必須要了解它們誕生的土壤。一個國家為年輕人提供的教育，昭示着這個國家以後的面貌。為當前這代人提供的教育，的確前景十分黯淡。然而正是部份通過教育，群體的精神得以改善或惡化。因此有必要說明，當前的教育制度如何塑造了群體的精神；冷漠而中立的民眾如何逐步變成了一支心懷不滿的大軍，並隨時準備聽從烏托邦分子和演說家的暗示。正是學校當今培養出社會主義分子和無政府主義分子，才為拉丁民族走向衰敗鋪平了道路。

註釋：

[1] 這仍然是個很新的觀點，如果拋開這種觀點，歷史則徹底無法理解。我在個人前一本著作（《民族演化的心理學規律》）中，用四章篇幅對此加以論述。讀者從中可以看出，儘管存在誤導性假象，不論語言、宗教還是藝術，即構成文明的所有元素，它們都不可能原封不動地從一個民族轉移到另一個民族。

[2] 此處原文為「comme la Chine」（正如中國），為區分古今中國之別，這裏增譯為「正如以前的中國」。——譯者

[3] 泰納引用的前國民公會議員富克魯瓦（Fourcroy）的報告，就清楚地表達了這種觀點：「各地都可以看到保留禮拜天與定期上教堂的現象，這證明多數法國民眾希望回到往日習慣中去，而且對抗這種國民傾向也不合時宜……大多數人都需要宗教、儀式和神父。認為可以通過普及教育消除宗教偏見，這不過是幾個現代哲學家的謬論，我個人也曾一度誤入其中。對於苦難大眾而言，宗教是他們尋求安慰的泉源……因此必須允許民眾有他們的神父、聖壇和儀式。」

[4] 拉維斯（Ernest Lavisse, 1842-1922），法國歷史學家，著有《普魯士歷史研究》（一八七九）、《歐洲政治史概覽》（一八九零）等。——譯者

[5] 甚至連美國最進步的共和黨人都承認這個事實。美國雜誌《論壇》最近明確表達了這種觀點。我從一八九四年十二月的《評論之評論》將這段話轉引如下：

「絕對不應忘記，甚至在貴族制的死敵看來，英國也是當今世上最民主的國家。在那裏個人權利最受尊重，個人擁有的自由最大。」

[6] 麥考利（Thomas Macaulay, 1800-1859），英國政治家、歷史學家，所著四卷本《英國史》（一八四八—一八五九）對後世影響較大。——譯者

[7] 如果把劃分法國各個政黨的重大宗教和政治分歧（這尤其是個種族問題）與大革命時期表現的分裂主義傾向（在法德戰爭末期又再次浮現）加以對照的話，我們就會發現在這塊土地上生存的不同種族還遠未融合起來。革命時期強大集權制的建立，以及人為設立轄區合併以前的省份，這些肯定是大革命時期最有益的事業。如果缺乏遠見之輩現今積極談論的分權制得以建立，它將立即引起最血腥的暴亂。倘若認識不到這一點，也就徹底忘記了我們的歷史。

[8] 布雷亞爾（Michel Bréal, 1832-1915），法國語文學家、現代語義學奠基人，曾任高等教育總督（一八七九—一八八八）。——譯者

[9] 儒勒·西蒙（Jules Simon, 1814-1896），法國政治家、激進思想理論家，兩度當選議員，一八七六年一度擔任總理。——譯者

[10] 克洛泰爾（Clotaire I, 497-561），法蘭克王國墨洛溫王朝的開創者。——譯者

[11] 繼克洛泰爾一世之後，法蘭克王國由其子分為西部的紐斯特里亞（Neustrie）和東部的奧斯特拉西亞（Austrasie）兩個王國。——譯者

[12] 然而，這並非拉丁民族特有的現象，在中國那樣一個由等級森嚴的士大夫階層掌管的國家，人們也

可以看到這種現象。和我們國家一樣，在那裏官職也要通過考試謀取，其中的唯一考核項目，就是要流利地背誦浩繁的典籍。這群無業文人，如今在中國被視為真正的民族災難。在印度情況也是如此：英國在那裏開辦學校，其目的不像在英國那樣是為教育人，而僅是為教化當地居民，由此在印度也形成一個特殊的文化階層——「印度紳士」。他們由於找不到工作，故而成為與英國霸權不相妥協的敵人。對所有的「印度紳士」來說，不論有無職業，這種教化的第一個效果便是降低了他們的道德水平。我在個人著書《印度的文明》（一八八七）中，曾以大量篇幅強調這個事實，而所有造訪過這個半島國家的作者也都注意到了這點。

[13] 泰納，《現代政體》，第二卷，一八九四。這些段落幾乎是泰納最後寫下的文字，它們很好地總結了這位偉大哲學家的長期經驗所得。不幸的是，對於那些從未在國外居住過的大學教授，我認為他們完全難以理解。教育是我們略微可以影響國民精神的唯一手段，然而在法國卻沒有幾個人能認識到，我們當前的教育竟是導致迅速衰敗的一個可怕因素，因為它非但沒有提升青年一代，反而讓他們墮落、腐化，想到這點就讓人痛心疾首。可以把泰納的這些話與最近保羅·布爾熱（Paul Bourget（一八五二—一九三五），法國文學家，第一次世界大戰前後是保守派文人中的代表人物。——譯者）在其傑作《海外》中對美國教育的評述加以對照。他指出我們的教育制度只會培養思想狹隘、缺乏主動性和意志力的資產階級或無政府主義者，「這兩類同樣有害的文化人，只會陷入無力的平庸或瘋狂的破壞之中」。然後，這位作者將猶如腐化工廠的法國學校與培養人邁入完善生活的美國學校作了一番絕佳的比較。人們從中可以清晰地看到，在真正民主的國民，與言辭上妄談民主而思想上毫無民主的國民之間，存在巨大的鴻溝。

第二章　群體觀點的直接因素

1、**形象、詞語和套話**。詞語和套話的神奇力量//詞語的力量與它喚起的形象有關，但獨立於它的真正含義//這些形象因時代和種族的不同而變化//詞語的棄用//個別常用詞語意義多變的實例//當所用的詞語給群體產生不快印象時，給舊事物更換新名稱所達到的政治效果//種族差別造成的詞義變化//「民主」一詞在歐美的不同含義

2、**幻覺**。它的重要性//在所有文明的基礎之中都存在幻覺//幻覺的社會必要性//群體偏愛幻覺而非真理

3、**經驗**。唯有經驗能在群體心中建立必要的真理，並摧毀那些危險的幻覺//經驗只有不斷地重複才能發揮作用//說服群眾必須付出的經驗代價

4、**理性**。它對群體毫無影響//只有對群體無意識情感施加影響才能

我們剛才討論了預備性間接因素，它們賦予群體心理特有的接納性，並使某些情感和觀念在群體中的萌發成為可能。現在，我們要考察那些可以直接發揮作用的因素。在下一章裏，我們會看到要如何運用這些因素，才能讓它們的作用得以充份發揮。

在本書第一部份，我們討論了集體的情感、觀念和推理。根據這些知識，人們當然可以大體推斷影響群體心理的方式。我們已經知道甚麼會激發群體的想像，也知道暗示的力量與傳染過程，尤其那些以形象的方式呈現出來的暗示。然而，正如這些暗示的來源差異很大，影響群體心理的因素也不盡相同，因此必須要對它們分別加以研究。群體有點像古代神話中的斯芬克斯[1]，必須知道如何解決群體的心理向我們提出的問題，否則我們只能坐等被它吞噬。

1、形象、詞語和套話

在研究群體的想像時，我們看到群體尤其易受形象影響。儘管這些形象並非隨時可取，但可以巧妙地利用詞語和套話將它們喚起。如果運用得當的話，它們確實將擁有昔日魔術大師那樣的神奇力量，不僅能在民眾當中掀起最猛烈的風暴，而且也知道如何將其平息。因詞語和套話的神威而犧牲的人群，如用他們的屍骨堆起一座金字塔，要比古老的胡夫[2]金字塔高出很多。

詞語的威力與它們喚起的形象密切相關，同時又獨立於它們的真實含義。那些定義最不明確的詞語，有時產生的影響反而最大。例如民主、社會主義、平等、自由等詞，它們的意義如此模糊，幾部巨著也難以將它們闡明。然而，這幾個音節簡短的詞語卻有着神奇的威力，似乎它們擁有解決所有問題的秘訣。詞語整合了完全不同的無意識抱負和實現這些抱負的期望。

理性和論證難以對抗有些詞語和套話。在群體面前莊嚴地將它們宣告，頓時人人肅然起敬、俯首屈從。許多人認為這是自然的力量，甚至是超自然的神威。它們在人們心中喚起恢宏而模糊的形象，而籠罩在它們周圍的這種模糊色彩又增加了它們的神秘力量。它們好比那些隱立於聖壇背後令人畏懼的神靈，信徒靠近時只會戰慄不安。

詞語喚起的形象獨立於它們的意義，並因時代和民族的不同有所差異，而套話卻依然不變。有些形象只是暫時和某些詞語關聯起來：詞語只是召喚形象現身的按鈕而已。

並非所有的詞語和套話都具有喚起形象的力量。有些在喚起形象之後，會在使用過程中衰亡，繼而在人們的頭腦中再也激不起任何反應。這時它們就變成空洞的聲音，其主要作用是讓使用者免去思考的義務。憑借年輕時學到的那些套話和常識，我們就擁有了應付生活所需的能力，由此免去凡事都須思考的必要。

只要研究一下某種特定的語言，就會發現其包含的詞語在歲月長河中變化極為緩慢。然而，這些詞語喚起的形象或人們賦予它們的含義，卻不斷地發生變化。也正是這個原因，我在另一本書中得出結論認為，絕對不可能完全翻譯一種語言，尤其是那些消亡民族的語言。當我們用一個法語詞彙代替一個拉丁語、希臘語或梵語詞彙，或當我們試圖去讀一本幾百年前用我們自己的語言撰寫的著作時，我們實際上在做甚麼呢？我們不過是用現代生活在頭腦中激發的一些形象和觀念，來代替古代生活在當時民眾心中萌發的決然不同的形象和觀念，而他們的生存條件與我們的並無相似之處。投身法國大革命的人們，以為自己在模仿希臘人和羅馬人，其實他們只是賦予古代詞語一種從未有過的含義而已。希臘人的制度與相應詞語指涉的當今制度有何相似之處？那時的共和制在本質上無非一種貴族體制，由一小撮獨裁者構成議會，統治着處於絕對從屬地位的一群奴隸；這種基於奴隸制的集體貴族統治，如果沒有奴隸制，一刻也不會持久。

對於「自由」這個詞，在一個從未考慮過思想自由的時代，或者在一個討論神靈、法律和城邦習俗都會構成罪大惡極的時代，它的含義和我們今天所理解的意義有何相似之處？比如「祖國」一詞，在雅典人或斯巴達人的心中，只意味着對雅典或斯巴達的膜拜，定然不是指由連年征戰的敵對城邦構成的整個希臘。對於分裂為敵對部落的古代高盧人，他們的種族、語言和宗教都不相同，「祖國」這個詞彙又有甚麼含義？愷撒之所以能輕易征服他們，是因為他始終可以從中找到自己的盟友。正是羅馬為高盧建立了祖國，並使之在政治和宗教上實現了統一。如果不追溯這麼久遠，而只回顧到兩百年前，人們認為那些法國王族，比如與外國結盟反對君主的大孔代[3]，他們對於祖國這個詞的理解會與現今相同嗎？對於那些流亡國外的保皇派，祖國這個詞的意義與其現代意義不是迥然相異嗎？他們以為抗擊法國就是服從榮譽法則，而且在他們看來自己的確服從了這種法則，因為封建法律將諸侯同君王而非土地聯繫在一起，所以君王所在的地方就是祖國真正所在的地方。

隨着時代的變遷，意義發生深刻變化的詞語比比皆是。只有經過長期的努力，才能理解這些詞語在過去的意義。有人説得頗為在理，單是要搞明白諸如「國王」和「王室」等詞對我們的祖輩們意味着甚麼，就必須閱讀大量的書籍；對於更為複雜的概念，又該如何是好？

由此可見，詞語只有動態而暫時的意義，它隨時代和民族的不同而發生變化。如果我們想利用詞語來影響群體，就必須搞清特定時期它們對這個群體而言有何意義，而非它們在過去具有的含義，或者對心理構成不同的個體來説可能的意義。

因此，當群體由於政治動盪或信仰改變對某些詞語喚起的形象深感厭惡時，一位真正政治家的首要任務，就是要在不觸及事物本質的前提下變換説法，因為事物本身已經與傳統緊密相連而無從改變。睿智的托克維爾[4]就曾指出，執政府和帝國的主要工作就是要用新詞包裝過去大部份的制度名稱，也即換掉那些在群體心中喚起不利形象的詞語，由取而代之的新詞來阻斷類似的聯想。「地租」變成了「土地税」、「鹽賦」變成了「鹽税」、「繇役」變成了「間接税」和「合併税」、商號和行會的徵税則稱為「營業税」，諸如此類。

政治家最基本的任務之一，就是以流行用語——或至少是中性詞語——來「洗禮」群體因舊名而不堪忍受的事物。詞語的威力如此強大，如果選擇得當的話，就足以讓最可惡的事物為人接受。泰納就正確地指出，雅各賓派正是援用「自由」和「博愛」這兩個當時十分流行的詞語，才得以「建立達荷美[5]的暴政、類似宗教審判的法庭，並開展與古代墨西哥相仿的人類大屠殺」。統治者的藝術，正如律師的藝術，首先在於懂得運用辭藻。這門藝術之所以難，是因為在同一個社會，同樣的詞語對不同的社會階層往往有不同的含義。他們表面上用着相同的詞語，但其實卻說着不同的語言。

在以上事例中，我們將時間視為引發詞語含義發生變化的主要因素。如果再考慮種族因素，我們就會看到在同一個時代，對教養相同但種族不同的民眾，同樣的詞語對應的觀念經常也極為不同。若非遊歷廣泛的話，人們也不可能理解這些差別，故而對此我不想過份堅持。這裏我只想說明，正是那些使用最為廣泛的詞語，在不同民族之間有着決然不同的含義，比如現今使用尤其頻繁的「民主」和「社會主義」。

其實，與這兩個詞對應的觀念和形象，在拉丁民族和盎格魯-撒克遜民族的心中截然相對。在拉丁民族中，「民主」主要指個人意志和主權在國家意志和主權面前的讓步。於是，國家的支配、集中、壟斷和製造能力也就愈發強大。不管是激進派、社會主義者還是君主派，所有黨派一概求助於國家。在盎格魯-撒克遜民族中，尤其在美國，「民主」一詞卻指個人意志的有力發展和國家的讓步。除警力、軍隊和外交關係外，國家不得干涉任何事務，甚至教育也不例外。由此可見，同一個詞，在一個民族指個人意志和自主性的消隱以及國家的主導優勢；而在另一個民族，卻指個人意志和自主性的過度發展和國家的徹底消隱[6]。

2、幻覺

自從文明的曙光出現以後，群體就始終處在幻覺的影響之下。他們為虛幻的造物主豎起的神廟、塑像和祭壇可謂數目眾多。不論是昔日的宗教幻覺，還是當今的哲學與社會幻覺，在這個星球上相繼繁榮的所有文明頂端，我們始終可以看到這些強勁的主宰力量。正是為了它們的盛名，巴比倫和埃及的神廟以及中世紀的宗教建築才得以建立，而整個歐洲一個世紀前還因此經歷了一番動盪。我們所有的藝術、政治和社會構想，無不深深帶有它們的烙印。以可怕的動亂為代價，人們有時將它們推翻，但似乎注定又要重新將它們豎立。沒有它們，人類不可能走出原始的野蠻狀態；沒有它們，人類很快就將退回到這種野蠻狀態。它們或許是些無用的幻影，但我們夢幻的這些產物，卻激發人民創造出輝煌的藝術和偉大的文明。

> 如果我們將博物館和圖書館以及廣場石階上受宗教啟發創造的一切藝術作品和紀念物全部毀掉或推倒，人類宏大的夢想還會留下些甚麼呢？讓人們懷抱那些希望和幻想吧，否則他們沒法存活下去！這也正是神明、英雄和詩人存在的原因。最近五十年來，科學似乎承擔了這項任務。但對渴望理想的心靈而言，科學肯定會遭到貶損，因為它既不敢承諾過多，也不懂如何撒謊。[7]

上個世紀的哲學家熱情地投身於對宗教、政治和社會幻覺的破除，而我們的先輩在這種幻覺中已經生活了許多個世紀。在破除這些幻覺的同時，希望和順從的源泉也隨之涸竭。在這些幻想毀滅的背後，他們發現了人性盲目而隱秘的力量，它對弱者毫不留情，而且根本不懂得憐憫。

儘管取得了諸多進步，哲學依然不能為民眾提供任何讓他們為之陶醉的理想。

幻想對民眾而言必不可少，亦如那趨光的昆蟲，他們會本能地湧到那些為他們呈現幻想的演說家面前。推動民族演化的首要因素，從來不是真理，而是謬誤。若說社會主義如今正日趨強大，那是因為它是現存的唯一幻想。不論所有科學論證如何，它將繼續呈壯大之勢，其主要動力在於它敢向人們承諾幸福，故而會被不知事情真相的民眾擁護。今天，這種社會幻覺籠罩在過去堆積的所有廢墟之上，未來非它莫屬。群體從不渴望真理。在那些讓他們不快的證據面前，他們會轉身離去；如果謬論被加以誘惑，他們寧願將謬論奉為神明。誰懂得讓他們產生幻想，誰就輕易成為他們的主人；誰試圖讓他們的幻想破滅，誰就終將成為他們的犧牲品。

3、經驗

經驗幾乎是唯一能讓真理在群眾心中牢固生根，並讓過於危險的幻想歸於破滅的有效手段。為此，經驗的實踐範圍必須相當廣泛，而且往往還要反覆進行。一代人的經驗對下一代人通常沒有用處，這也正是為何援引史實作為證據會毫無用處。經驗唯一的用處就是證明，它們要發揮影響並成功撼動在群體心中牢固扎根的謬論，必須要經歷多個世代的不斷重複。

當今這個世紀和上一個世紀，或許將被未來的歷史學家作為經歷奇特的時代而引述。沒有任何時代經歷過如此多的嘗試。

其中，規模最大的試驗就是法國大革命。為了明白不能依據純理性的指導去重建一個社會，數百萬人死於非命，整個歐洲在二十年間處於動盪之中。為了用經驗向我們證明，獨裁者會讓擁戴他們的民眾付出慘重代價，五十年之內居然出現了兩次毀滅性的試驗，而且儘管結果如此明確，似乎還不足以讓人信服。第一次試驗讓三百萬人犧牲，並招致一次入侵；第二次試驗讓國土遭割，並使常備軍成為必要。第三次試驗最近險些開始，不過以後肯定也會發生。為了讓所有國民明白，龐大的德國軍隊絕非像三十年前人們知道的那樣，不再只是一支無害的國民衛隊[8]，就必須發動一場讓我們損失慘重的戰爭。為了認清貿易保護主義將毀滅實行這種制度的民族，就得經歷二十年的災難。諸如此類的例子，可謂不勝枚舉。

4、理性

在列舉能夠觸動群體心理的諸多因素時，我們完全可以置理性不提，除非有必要說明它的消極影響。

我們已經表明，群體不受理性影響，只能理解觀念之間的大致關聯。因此，懂得影響群體的演說家，總是通過觸動他們的情感而非理性來行事。邏輯定律對群體毫無作用[9]。要想説服群體，首先要認真考慮何種情感會讓他們興奮，並假裝享有這種情感，然後借助基本聯想激發某些暗示性的形象，以此試圖改變他們的情感；不僅要懂得半路折回，更要時刻揣測群體出現的情感。鑒於必須要根據講話產生的效果不斷改變措辭，這就使那些事先研習準備的言辭無從發揮效力。如果演説者遵循自己的思路，而不顧聽眾的感受，就會喪失所有的影響。

即使是那些注重邏輯並慣於嚴密推理的人，當他們向民眾講話時，也不免會求助於這種説服方式。他們對自己的論證毫無影響總是驚訝不已。「基於三段論——即基於一致性聯繫——的普遍數理結論不可反駁，」一位邏輯學家寫道，「這種不可反駁性甚至會迫使一塊無機物表示認同，如果這塊無機物遵循一致性聯繫的話。」或許如此，但群體既不比無機物更能遵循這種聯繫，也不會更能理解這種聯繫。如果嘗試以推理來説服原始頭腦，比如野蠻人或兒童，人們就會知道這種論説方式的價值是何等薄弱。

要看清推理在對抗情感時如何無能為力，甚至無須降低到原始個體水平。我們只消回想一下，在多個漫長的世紀裏，那些與簡單邏輯相悖的宗教迷信曾是何等頑固不化！在近兩千年的歲月中，即使那些最傑出的天才也屈服於宗教迷信的戒律之下，只有到了現代其真實性才受到質疑。中世紀和文藝復興時代亦有不少開明之士，卻沒有一個人借助推理認識到這種迷信幼稚的一面，從而對魔鬼的惡行或燒死巫師的做法產生絲毫懷疑。

是否該對群體從來不受理性指引表示遺憾？我們不敢苟同。理性或許不會成功將人類引向文明的大道，因為它缺少幻覺激發的那種熱情和堅毅。作為引導我們的無意識產物，這些幻覺無疑必不可少。每個種族的思維構成之中都帶有自身命運的法則，出於一種難以克制的衝動，它只能服從這些法則，即使這種衝動看似極不合理。有時，民眾彷彿屈服於一種神秘的力量，好比那種讓橡果變成橡樹或者使彗星沿軌道運行的力量。

若想多少感知這種力量，就必須考察一個民族演化的總體進程，而非那些有時看似促使演化發生的孤立事實。如果只考慮這些孤立事實的話，歷史就顯得全由不可思議的偶然性支配。加利利一個無知的木匠[10]，似乎絕不可能化身為一位全能的神明長達兩千年之久，然而最重要的文明正是以他的名義建立；從沙漠裏冒出來的一夥阿拉伯人，似乎不太可能征服古希臘–羅馬世界的大部份地區，並建立起比亞歷山大統治的領土更大的帝國；在等級森嚴的古老歐洲，一位籍籍無名的炮兵中尉似乎也不太可能成功征服多個民族和國王。

因此，還是讓我們把理性留給哲人，但不要強求他們介入人民的管理之中。珍視榮譽、自我犧牲、宗教信仰、崇尚榮耀與熱愛祖國等情感得以產生，不是因為出於理性，而是因為缺乏理性，迄今為止也正是這些情感構成了所有文明的強大動力。

註釋：

[1] 斯芬克斯（Sphinx），古希臘神話中的獅身人面怪獸，據說曾向底比斯城民出一謎語，答不出的人即被吃掉。最後俄狄浦斯猜出謎底，斯芬克斯則羞愧跳崖自盡而亡。——譯者

[2] 胡夫（Khufu, 2598 BC-2566 BC），希臘人稱之為齊奧普斯（Cheops），古埃及第四王朝第二位法老，曾下令在吉薩港建造金字塔。——譯者

[3] 大孔代（le Grand Condé, 1621-1686），孔代姓氏為法國波旁王室的主要支系之一，此處提到的這個「大孔代」，曾發動叛亂反對王室，失利後避居西班牙。——譯者

[4] 托克維爾（Alexis de Tocqueville, 1805-1859），法國社會學家、政治思想家、歷史學家，著有《論

美國的民主》（一八三五）、《舊制度與大革命》（一八五六）等。——譯者

[5] 達荷美（Dahomey），即現今的貝寧共和國，非洲西部國家，前法國殖民地。——譯者

[6] 在《民族演化的心理學規律》中，我曾長篇論述拉丁民族和盎格魯-撒克遜民族在民主理想上存在的差異。保羅．布爾熱在旅行考察後，在其新作《海外》中獨立得出的結論幾乎和我的完全相同。

[7] 引自達尼埃爾．勒絮爾（Daniel Lesueur）。

[8] 在這種情況下，群體觀點的形成源於不同事物之間籠統的關聯，其中的機制我之前就已闡明。我們當時的國民衛隊由愛好和平的店主組成，沒有絲毫的紀律觀念，不能把他們當真。一切名稱類似的事物都可以喚起同樣的形象，因此也就被認為沒有危害。群體的錯誤，他們的領袖也會犯，這種情況在輿論方面很常見。M．E．奧利維埃在最近一本書中引述了一八七六年十二月三十一日在議會上發表的演說，政要梯也爾先生經常追隨但從不超前於群體觀點，他重複説普魯士除現役軍隊數量和我們差不多之外，只有類似我們所有的國民衛隊，因此也無足輕重。在預見鐵路的渺茫前景時，這位政客也同樣如此。

[9] 對於影響群眾的藝術，邏輯規則所供資源甚微，我最初觀察到這種結果要追溯到巴黎圍困的那天。我看到憤怒的人群把V將軍押到當時的政府駐地盧浮宮，他們聲稱逮到他將繪好的設防地圖賣給普魯士人。政府官員G．P．，非常有名的演説家，出來斥責那些揚言立刻處死囚犯的人群。我本想他在表明指控的荒謬性時，會説將軍正是防禦工事設計人之一，而且這種地圖在所有書店都能買到。但讓我甚為不解的是（當時我還十分年輕），他卻是另一番説辭。「正義會得到伸張！」演説家喊着走向囚犯，「正義鐵面無私。讓護國政府來結束你們的審判。在此期間，我們會把他監禁起

來。」在被表面上的滿足瞬間平息後，人群也四散撤離。一刻鐘之後，將軍便回到家裏。如果演講者用邏輯論證對付盛怒的人群，他必定會被碎屍萬段，那時年少的我卻認為這種論證極為可信。

[10] 此處指耶穌，他子承父業當過木匠，曾居於加利利地區。——譯者

第三章　群體領袖及其勸說手段

1、**群體的領袖**。一切群體動物都有着服從頭領的本能需要//領袖的心理//只有他們能樹立威信並把群體組織起來//領袖必然獨裁//領袖的分類//意志的作用

2、**領袖的動員手段：斷言、重複、傳染**。這些不同因素各自的作用//傳染從社會底層蔓延至高層//民眾觀點不久就會成為普遍觀點

3、**聲望**。聲望的定義和分類//既得聲望和個人聲望//不同的實例//聲望如何受損

我們現在不僅了解群體的心理構成，而且也明白哪些動因會對群體的心理產生影響。下面，我們將研究如何應用這些動因，以及通過何人將它們應用於實際當中。

1、群體的領袖

只要一定數量的生物體聚集成群，不論是動物還是人類，它們就會本能地屈從於一位首領的統治。

在人類群體中，首領通常就是領袖，故而他的角色相當重要。他的意志是群體形成觀點並達成共識的核心。他構成了異質群體形成的首要元素，並按照等級對群體加以組織。在此期間，他領導着他們。群體好比那溫順的羊群，沒有頭羊便無所適從。

起初，領袖往往也是受他人引導。在某種觀念的迷惑下，他成為了門徒。這種觀念佔據了他的心智，以至於除此之外別無他物，一切與之相悖的意見，在他看來都是謬論和迷信。正如羅伯斯比爾，在被盧梭那些虛幻的觀念迷惑之後，竟然以宗教法庭作為手段來大肆宣傳這些觀念。

領袖往往不是思想家，而是實幹家。他們很少有深謀遠慮，也不可能如此，因為深謀遠慮通常讓人猶疑不決而且難以行動。他們往往屬於那些處於瘋狂邊緣的人群，他們神經質、容易興奮、半瘋半癲。不論他們堅持的觀念或追求的目標多麼荒誕，在對抗他們的信念時任何理性都可謂鈍刀殘槍。蔑視和迫害不會削弱他們，而只會令他們更加興奮。個人和家庭利益，一切都可以犧牲。自我保存本能在他們身上消失殆盡，以至於他們通常祈求的唯一回報就是以身殉道。強烈的信仰使他們的話語具有極強的暗示效果。民眾總是願意聽從意志堅強的人，因為他懂得將個人意志強加於他們。聚集成群的個體會完全喪失意志，於是本能地轉向一個具有堅強意志的人。

人民從來不缺領袖，但並非所有領袖都具備讓從眾信奉的強大信念。他們往往都是精明的演説家，只追求個人利益，通過取悅低級本能來試圖説服民眾。通過這種方式產生的影響或許很大，但終究只會奏效一時。那些具有堅定信仰並能打動群體精神的偉人，比如隱士彼得[1]、路德[2]、薩伏那洛拉[3]以及法國大革命中的人物，只有他們本人首先折服於一種信仰之後，方可施展讓人着迷的魅力。於是，他們可以在從眾心中創立稱為信仰的這種巨大力量，並使人徹底成為自己夢想的奴隸。

偉大領袖尤其要擔當創立信仰的角色，無論這種信仰是宗教的、政治的或社會的，也無論這信仰是針對一部作品、一個人或一種觀念，這也是為何他們的影響始終如此巨大。在人類可以支配的一切力量中，信仰的力量總是最為強大，《福音書》

上認為它有移山之力也不無道理。賦予一個人以信仰，他就有十倍的力量。歷史上的重大事件往往發端於無名的信徒，他們除了自己的信仰別無他物。創立統治世界的偉大宗教，或建立從一個半球至另一個半球的龐大帝國，依靠的不是文人或哲學家，更不是懷疑論者。

不過，這些事例涉及的都是偉大領袖，這種人物可謂鳳毛麟角，在人類歷史上屈指可數。在這條延綿不斷的山脈上，從偉大領袖到普通工人，他們構成山脈之巔；在煙霧繚繞的客棧裏，他們不斷重複套話慢慢吸引身邊的同伴。儘管這些套話他們自己也不甚理解，但在他們看來只要將其付諸實踐，一切希望和夢想都會實現。

在從高到低的所有社會領域中，人只要脫離孤立狀態，便立刻處於領袖的影響之下。普通民眾中的大多數個體，除自己的行業之外，對其他事物絲毫沒有明確而合理的觀念，自然也不懂如何行事。領袖充當了他們的嚮導。必要時領袖可以被刊物取代，雖然其影響不太強大，但可以引導讀者的輿論並為他們提供現成的話語，從而免去他們自己思考。

領袖的權威極其專制，也正是由於這種專制，權威才得以樹立。我們經常會發現，儘管沒有任何手段伸張自己的權威，但他們輕而易舉就讓那些極其狂暴的工人階級聽命於己。他們規定工作時間和工資標準，決定是否罷工以及罷工何時開始和結束。

隨着公共權力機構日趨受人非議和式微，領袖如今正在逐步將其取代。這些新主子的暴政讓群體服從的程度，要比任何政府都更為嚴重。如果因為某種變故，領袖消失且無人可替，那麼群體將再次成為一個沒有凝聚力和抵抗力的集體。在上次巴黎公共馬車僱員的罷工中，只要逮捕兩個帶頭的首領，罷工便立刻結束。支配群體靈魂的，不是對自由的需求，而是對奴役的需求。他們服從的渴望讓他們本能地屈服於任何自稱主子的個人。

我們可以將這些首領明確地分為兩類。一類充滿活力，意志雖強但持續時間短暫；另一類較前者少見，意志堅強而持久。第一類魯莽、膽大、勇猛，他們尤其擅長指揮突擊，在帶領民眾時不畏艱險，並能將新兵一夜之間變為英雄；第一帝國時代的內伊[4]和繆拉[5]就屬此類。我們這個時代，加里波第[6]也屬此類：這位冒險家雖無才能，但精力充沛，他帶領一小撮人就成功佔領了古老的那不勒斯王國，儘管那裏處於紀律軍隊的守衛之下。

雖然這類領袖活力旺盛，但熱情持續時間短暫，一旦刺激消失，熱情也隨即熄滅。回到日常生活後，那些昔日熱情洋溢的英雄，正如我剛才提及的幾位，往往暴露出最驚人的弱點。儘管懂得如何正確領導他人，他們卻似乎喪失了思考能力，在最簡單的環境下也無所適從。這些領袖要履行自己的職責，他們本人也必須受人領導並不斷地受到刺激，並始終感覺有一個人或一種觀念在引導着自己，需要追隨着明確的行動路線前進。

第二類領袖是那些意志持久的個人，儘管他們不那麼光彩奪目，但產生的影響卻尤其深遠。在這類領袖中，有偉大宗教和豐功偉績的真正締造者，例如聖保羅[7]、穆罕默德、哥倫布[8]和雷賽布[9]。智慧過人或頭腦簡單，這都無關緊要，世界將始終屬於他們。他們具有的那種持久不衰的意志，可謂世間少有，那種無限強大的能力，可讓一切為之折服。對於這種強大而持久的意志，人們怎麼誇大它都不過份：沒有任何東西能阻擋它，無論自然、上帝還是人類。

傑出工程師雷賽布為我們提供了最新的例證。他將世界分成東西兩半，成就了三千年來眾多偉大君主未曾實現的偉業。他後來在一項類似的事業中失利，那是因為他年事已高。因為在歲月面前，一切都會消退，甚至包括意志在內。

要向人證明意志的力量，只需將開鑿蘇伊士運河必須克服種種困難的故事詳細呈現出來即可。卡扎里[10]醫生作為見證人，他用幾行扣人心弦的文字概括了作者敘述這項宏偉工程的不朽故事：「日復一日，他一幕一幕地講述着運河開鑿的壯舉。他講述自己戰勝的一切困難，如何將不可能變為可能；講述遇到的各種阻力，那些反對的聯盟，所有的失望、挫折和失敗，都未讓他灰心喪氣。他想起英國如何打擊他，法國和埃及如何猶豫不決，開工時法國領事館又如何強烈反對他。人們抵制他，拒給工人水喝，讓他們口渴難耐。海軍部長、工程師以及所有謹慎的、有經驗的、懂科學的人自然都與他為敵。他們從科學立場上斷定災難必臨，並像預測日食那樣計算會在某日某時發生。」

講述所有這些偉大領袖生平的著作，不會包含太多的人名，但是這些名字卻與人類文明和世界歷史上最重大的事件緊密相連。

2、領袖的動員手段：斷言、重複、傳染

如果要瞬間帶領一個群體並決定採取某種行動，比如掠奪宮殿、誓死守衛要塞，就必須通過快速暗示讓群體行動起來，其中榜樣的力量依然效力最強。但是，群體之前必須經歷特定情形的洗禮，而且意欲帶領群體的個體尤其要具備我後續以「聲

望」為名討論的品質。

要將思想和信念，比如現代社會理論，植入群體頭腦之中，領袖們採取的方式各不相同。總體而言，他們有以下三種手段可以援用：斷言、重複和傳染。它們的作用十分緩慢，然而一旦產生效果就能持久。

作出純粹而簡單的斷言，拋開所有推理和證據，是將觀念植入群體頭腦最可靠的辦法之一。斷言越是簡潔，越是缺乏證據和推論，也就越具有權威。一切時代的宗教書籍和各種法典，始終訴諸簡單的斷言。那些號召民眾捍衛任何一項政治事業的政客，那些利用廣告進行產品宣傳的商人，他們個個深諳斷言的價值。

斷言要產生真正的影響就必須不斷重複，而且要盡量措辭不變。拿破崙曾經說過，最重要的修辭方式只有一個，那就是重複。斷言的東西通過重複，會在民眾頭腦裏扎根，並最終作為業已證實的真理而被人接受。

只要看一看重複如何向最開明的頭腦發揮威力，就可以很好地理解它對群體的影響。其實，不斷重複的事物最終會進入無意識的深層區域，而那裏正是我們行為動機形成的地方。一段時間之後，我們會忘記這種重複的斷言出自何人，並最終對它深信不疑。這也解釋了廣告驚人的力量。當我們第一百次讀到「X牌巧克力是最棒的巧克力……」我們便以為所有人都這麼說，於是最終對此也確信無疑。當我們第一千次讀到，Y牌藥粉治好了某位名人的頑症，等有一天我們患上類似的疾病，受此引誘最終也會試用此藥。如果在同一家報紙上，我們總是讀到A是個十足的惡棍，B是個極其誠實的人，只要不在其他報紙看到顛覆這兩個人品質的相反觀點，我們最終也會信服於此。斷言和重複都十分強大，二者足以互搏一番。

一個斷言重複足夠多的次數，在重複中就會獲得一致性認可。正如有些金融項目中出現的情況那樣，當收購所有競爭者之後，就會形成所謂的流行觀點，而強大的傳染機制便介入其中。在群體中，觀念、情感、情緒和信念具有微生物一樣強大的傳染力。在動物聚集成群後，就可以在它們中間看到這種現象。馬廄中如果一匹馬有惡習，同廄的其他馬匹立即就會效仿；幾隻羊出現驚慌和騷動，很快便會蔓延到整個羊群。情緒的傳染也解釋了恐慌突發的特點。我們也知道精神病大夫患上精神病多麼常見。有人甚至提到某些瘋癲形式，比如廣場恐懼症，也能由人傳染給動物。

傳染無須所有個體同時出現在一個地點。在某些事件的影響之下，傳染也可以遠距離發生。這些事件使所有個體的思維朝同一個方向發展，並賦予群體以專有特徵，尤其當人們受到我之前討論的間接因素的影響。比如，一八四八年的革命運動從巴黎爆發後，便迅速蔓延至大半個歐洲，並撼動了多個國家的君主制度。

人們將社會現象中的諸多影響歸因於模仿，而其實它只是傳染的一種簡單效應而已。鑒於我在別處論述過模仿的作用，這裏我僅轉述很早以前發表的看法，其他學者後來還對此進行了闡發：

人和動物一樣，也有模仿的天性。對他來說，模仿是一種需要，當然這種模仿必須十分簡單。也正是由於這種需要，時尚才得以產生影響。無論是觀點、思想、文學表現或者服裝，有多少人能擺脱時尚的統治？引領群體的是榜樣，而不是論證。每一個時代，為數不多的幾個性格鮮明的人標榜他們的行為，無意識的民眾則競相模仿。然而，這些性格鮮明的個人也不能過於偏離公認觀念，否則會使模仿變得過於困難，也不會產生甚麼影響。正是由於這個原因，那些超越自己時代太多的個人，一般不會對那個時代產生任何影響，因為分界過於明顯。同樣由於這個原因，儘管歐洲的文明具有諸多優勢，但對東方民族卻影響甚微，二者顯然差異過大。

歷史與模仿的雙重作用，最終使同一時代、同一國家的所有人十分相似，甚至是那些看似理應擺脱這種作用的哲學家、學者和文人，他們的思想和風格也帶有如出一家的氣息，讓人立刻就可辨出他們所屬的時代。只消與任何個體談論片刻，就可深入了解他的閱讀習慣、職業愛好和生活環境。[11]

傳染的威力如此強大，不僅可以迫使人們接受某些觀點，而且還能強加某種感受的方式。正是由於傳染，在一個時代遭人唾棄的著作，如《唐豪塞》[12]，在幾年之後同樣因為傳染，又讓以前貶損的那些人對它大加讚賞。

觀點和信仰得以傳播，靠的正是傳染機制，而絕非理性的作用。當前工人階級的看法，正是在餐館通過斷言、重複和傳染建立起來的。每個時代的群體信仰，也並非通過其他方式建立。勒南[13]就曾精闢地將基督教最早的創立者比作「從一個餐館到另一個餐館傳播觀念的社會主義工人」。在談到基督教時，伏爾泰也曾指出，「在一百多年裏，只有最惡劣的敗類擁護它。」

人們會發現，在類似我剛引述的事例中，當傳染作用於大眾階層後，繼而會擴散到社會的上層。正因為如此，社會主義信念如今開始蔓延到他們中間，而這些人也將最早為此而犧牲。傳染機制如此強大，以至於在它面前個人利益會消失得毫無蹤影。

這也是為何所有大眾觀點，最終總會作用於社會上流階層，也不論佔據上風的這種觀點顯得如何荒謬不堪。社會下層對社會上層的這種作用較為奇特，因為群體的信念始終多少源於某種更為高深的觀念，而這種觀念在其誕生地往往毫無影響。在折服於這種高深的觀念之後，領袖們會將它據為己用，接着對它進行歪曲，並建立宗派再次將其歪曲，然後在群體中傳播並遭到更大的扭曲。在成為大眾真理之後，它以某種方式返回至發源地，並作用於國家的上流階層。誠然，智慧引導着這個世界，但其引導作用卻極為徐緩。當思想通過我所描述的機制最終獲得勝利時，締造這些思想的哲學家早已歸於塵土。

3、聲望

通過斷言、重複和傳染宣傳的觀點之所以具有巨大的威力，因為它們最終獲得了所謂「聲望」的神奇力量。

統治世界的一切觀念或偉人，被人接受主要依靠「聲望」一詞表達的那種難以抗拒的力量。我們知曉該詞的所有含義，但是人們的使用方式卻千差萬別，要對它加以定義也絕非易事。聲望可以包含仰慕或畏懼等情感，這些情感有時正是聲望建立的基礎，不過沒有它們聲望也完全可以存在。有些已故的人享有極高的聲望，而我們並不懼怕他們，比如亞歷山大、愷撒、穆罕默德和佛祖。另一方面，有些虛構人物雖然我們並不仰慕，比如印度地下神廟中那些可怕的神靈，但似乎他們在我們心中也具有很大的聲望。

聲望其實是一個人、一件作品或一種理念對我們的頭腦施加的支配力量。這種支配力量會麻痹我們所有的批判能力，並讓我們心中充滿驚奇和敬仰。由此激發的情感和所有情感一樣難以理解，不過它與着迷的個體經受的魅惑理應同屬一類。聲望是一切統治方式中最強有力的動因。離開了聲望，神明、國王和女性，誰也無法主宰他人。

對於各種各樣的聲望，我們可以將它們大致分為兩類：既得聲望和個人聲望。既得聲望由姓氏、財富和名聲賦予，它可以獨立於個人聲望。相反，個人聲望為個體所有，它可以與名聲、榮譽、財富共存，或者借此得以增強，不過它完全也可以獨立存在。

人為的既得聲望傳播最為廣泛。個體佔據某種職位，擁有一筆財產，就被賦予某些頭銜並享有了聲望，即便此人毫無個人價值可言。一名身穿軍裝的士兵、一位身披紅袍的法官，他們始終擁有某種聲望。帕斯卡[14]就曾精當地指出，對法官而言法袍和假髮必不可少；沒了這兩樣行頭，他們的權威會折損大半。最為粗暴的社會主義分子，看到一位王儲或侯爵也會肅然起敬；只要擁有這類頭銜，便可以隨心所欲地敲詐商人。[15]

我剛才談論的聲望是由人產生的聲望，那些由觀點、文學或藝術作品等產生的聲望可以另當別論，而這往往只是重複累積的結果。歷史，尤其是文學與藝術歷史，不過是重複同樣的判斷而已。沒有人會去核查這些判斷，每個人最終都在重複學校的所學，而有些名稱和事物也沒人膽敢觸碰。對於一名現代讀者來說，荷馬的作品無疑十分令人厭煩，然而誰敢這麼說？帕提農神廟[16]依其現狀來看，不過是一堆無趣的廢墟，但它聲望如此巨大，人們看到此景只會將它與所有歷史記憶聯繫起來。聲望的特性就是阻止人們看到事物的本來面目，並麻痹我們的判斷能力。針對所有的主題，群體始終需要現成的觀點，而個人通常也是如此。這些觀點的成功與它們包含的真理和謬誤全無關係，而只取決於它們的聲望大小。

現在，我來談談個人聲望。個人聲望在性質上與我剛才談論的人為或既得聲望十分不同，這是一種與一切頭銜和權力無關的品質。具備這種品質的個體人數很少，他們借此可以向周圍的人施加真正的魅力，即便他們與周圍人群社會地位相同並缺乏任何常規的支配手段。他們將自己的觀念和情感強加於周圍的人群，而人們服從他們猶如原本吃人易如反掌的野獸卻服從馴獸師那樣。

偉大的人民領袖，比如佛祖、耶穌、穆罕默德、聖女貞德和拿破崙，都享有極高的個人聲望。正是由於這種聲望，他們才為人接受。神明、英雄和教義被人接受，正是因為不受非議：一旦遭人議論，聲望便會煙消雲散。

我剛才提到的這些人物，他們在成名之前就具備這種迷人的力量，如果沒有這種魅力，他們也不可能成名。達到榮耀巔峰的拿破崙，單憑個人的權力，就享有極高的聲望；不過在他沒有任何權力且毫無名氣之前，就已經部份擁有了這種聲望。當時，他還是一位不太知名的將軍，仰仗靠山被派去指揮意大利的軍隊；而他面對的卻是一群粗魯的將軍，他們準備讓總督派來的這位年輕的不速之客難堪。從第一次會面那一刻起，沒等他開口說話、擺出任何姿態、做出任何威脅，大家一看到這位未來的偉人，就立即被馴服了。泰納根據那個時代的回憶錄，對這次會面作了精妙的記述：

部隊將領中間有奧格羅[17]，這是一位勇猛而粗俗的軍人，因身材高大、膽量過人而自鳴得意。大家來到司令部，不太情願地面見這位從巴黎派來的矮子新貴。他們之前就聽過有關此人的描述，對此奧格羅辱罵不休，事先表示拒不服從：拿破崙是巴拉斯[18]的親信，葡月將軍[19]，街道頭目，其貌不揚，總是獨自思考，個子不高，有「數學家」和「夢想家」的美名。大家到達後，波拿巴讓他們等了許久。最後，他佩劍現身，穿戴整齊，講明他的計劃，下達命令，然後讓他們離開。奧格羅啞口無言，直到走出門外他才恢復鎮靜，並像往日那樣咒罵起來。他同意馬塞納[20]的看法，這個小個子……將軍讓他感到害怕，他無法理解這種瞬間將他壓倒的氣勢。

變成大人物後，拿破崙的聲望與日俱增，可謂榮耀至極，儼然與信徒們心目中的神明不相上下。作為大革命時代的老兵，旺達姆[21]將軍甚至比奧格羅更為野蠻和粗暴。一八一五年的一天，當他與奧納諾[22]元帥一起登上杜伊勒里宮的台階時曾說：「老兄，那傢伙對我而言有種莫名的魔力。我本人既不怕神，也不怕鬼，但接近他的時候，我卻像個孩子一樣戰戰兢兢。他可以讓我穿過針眼、投身火海。」

拿破崙對接近他的所有人都能產生同樣的影響[23]。達武[24]在談到他和馬雷[25]的忠誠時曾說：「如果皇帝對我倆說，『毀滅巴黎，別讓人出去或跑掉，這對於我的政策至關重要。』我確信馬雷會對此保密，但他會忍不住讓家人出逃從而牽連自己。至於我！我會擔心秘密洩露，而讓自己的妻兒留在巴黎。」

明白這種驚人的魅力之後，自然就能理解拿破崙從厄爾巴島[26]的神奇返回。面對一個大國所有的武裝力量，他孤身一人竟瞬間就將法國征服，哪怕大家可能早已厭倦他的獨裁統治。他只需看一眼派來抓他的將軍，這些人雖曾發誓要抓他，卻不約而同地全都屈服於他。

「拿破崙幾乎孤身一人，」英國將軍吳士禮寫道，「像逃犯一樣，從他以前的『王國』厄爾巴島乘船登陸法國。在幾週之內，兵不血刃，就成功推翻合法國王統治的所有權力組織。還有比這更讓人驚嘆的個人氣勢嗎？在他最後的這場戰役中，從頭至尾整個期間，他以何等的氣勢壓制同盟國！他們簡直讓他牽着鼻子走，而他差一點就擊敗他們！」

他死後聲望依舊，並且與日俱增。正是這種聲望讓他無名的侄子[27]受封為皇帝。他的傳奇時至今日仍在流傳，足見他對後世影響依然強大。只要擁有足夠的聲望和維護這種聲望所需的才能，不論是隨意虐待他人、殺戮百萬民眾，還是不斷發動侵略，一切都可以隨心所欲。

我在此援引的這則有關聲望的事例無疑極不尋常，但這對於理解那些偉大宗教、偉大信條和偉大帝國的誕生卻十分有用。倘若聲望未對群眾施加強大的影響，它們的誕生依然會讓人難以理解。

然而，聲望不只建立在個人權勢、軍事功勳和宗教威嚴之上，它的來源可以更為普通，但影響卻依然深遠。我們這個時代可以提供多個這樣的實例。其中，最令人驚嘆的便是傑出人物雷賽布的故事，後人對此世代不忘。他將亞非兩洲分開，由此改變了地球的面貌和人民的商貿關係。他成功實現了自己的偉業，這不僅由於他堅強的意志，而且也因為他向周圍人群散發的迷人魅力。要克服眾人的反對，只消他出面即可。等他講上幾句話，在他的魅力影響下，反對者也變成了朋友。英國人曾百般阻撓他的計劃，但等他現身英國之後，便贏得了所有選票。後來，他經過南安普頓時，歡迎的鐘聲一路相伴，如今英國還準備為他豎立一座塑像。「在征服一切人和事、沼澤、岩石和砂土之後」，他不再相信還有甚麼障礙，於是想在巴拿馬再創蘇伊士運河的輝煌。他採用同樣的辦法，但自己年事已高。然而，移山的信念只有在山不太高時才能實現。山巒依舊屹立，隨之而來的災難則抹去了英雄身上閃耀的光環。他的一生表明，聲望會如何增長，又會如何消失。在獲得可與歷史上傑出英雄人物相媲美的殊榮之後，他被本國法官貶入罪大惡極之流。在他死後，孤柩所經之處，人群漠然以對。只有外國政要將他作為歷史上最偉大的人物之一，前去憑弔並表示懷念。[28]

然而，剛才引用的不同事例只代表極端的形式。要仔細研究有關聲望的心理，就必須將這些事例置於一個系列的兩端，其範圍上至宗教與帝國的創立者，下至試圖以一件新裝或飾物向鄰居炫耀的個人。

在這一系列事例的兩極之間，可以將所有形式的聲望置於文明的不同元素之中：科學、藝術、文學等。我們從中可以看出，聲望是説服民眾的一個基本因素。

享有聲望的個人、觀念或事物，會通過傳染立刻被人有意無意地模仿，並向整個一代人強加某種感受或思想表達的方式。此外，這種模仿通常是無意識的，因此也使模仿更為徹底。模仿有些原始民族暗淡色彩和拙樸風格的現代畫家，幾乎不太懷疑他們靈感的來源。他們相信自己的真誠，但倘若不是一位傑出大師復興這種藝術形式，人們也只會看到其幼稚與低級的一面。那些模仿另一位著名大師的畫家們，在自己的畫布上塗滿紫色的斑塊，他們並不比五十年前人們在大自然中看過更多的紫羅蘭，但他們已受一位畫家個人獨特印象的暗示；這位畫家雖然風格怪異，卻懂得獲得巨大的聲望。在文明的各種元素之中，類似的事例不勝枚舉。

通過以上論述，可以看出聲望的產生與諸多因素有關，其中最重要的因素永遠是成功。所有成功的人士、所有被認可的觀念，就不再受任何質疑。聲望以成功為主要基礎的證據在於，聲望幾乎始終隨成功一起消失。前一天受群眾擁戴的英雄，如果命運遭遇不測，第二天就會受人唾棄。而且聲望越高，反應也會越強。民眾會把隕落的英雄視作同類，並因自己曾向現已不再被認可的權威俯首屈從而實施報復。當羅伯斯比爾下令大量斬首自己的同僚和敵人時，他享有極高的聲望。當幾張選票剝奪他的權力後，他立即聲望盡失。正如他往日對待的那些受害者那樣，民眾也在辱罵聲中把他送上斷頭台。在砸碎昔日神靈的塑像時，信眾們總是義憤填膺。

因失利而被剝奪的聲望會瞬間消失。聲望也會在非議中消退，只是方式更為緩慢而已。然而，這種消退過程的結果則確定無疑。當聲望遭人非議時，就已不再是聲望。那些長期享有聲望的神靈和偉人，絕對不容任何非議。要受到群體的敬仰，必須永遠與之保持距離。

註釋：

[1] 隱士彼得（Pierre l'Ermite, 1050-1115），法國修士，創建修道院，並曾率信徒到達耶路撒冷佈道。——譯者

[2] 路德（Martin Luther, 1483-1546），德國宗教改革家，新教創始人，影響遍及整個基督教世界。——譯者

[3] 薩伏那洛拉（Girolamo Savonarola, 1452-1498），文藝復興時期意大利著名宣教士，對當時的意大利政治和宗教生活產生過重大影響。——譯者

[4] 內伊（Michel Ney, 1769-1815），法國軍官，拿破崙麾下傑出將領，曾任法國元帥。一八一五年滑鐵盧戰役中，由於指揮失誤，致使法軍大敗。同年，波旁王朝復辟後，被執行槍決。——譯者

[5] 繆拉（Joachim Murat, 1767-1815），法國軍官，英勇善戰，拿破崙執政時期曾任法國元帥、那不勒

斯國王。——譯者

[6] 加里波第（Giuseppe Garibaldi, 1807-1882），意大利民族運動領袖、革命家，對意大利的統一作出過重要貢獻。——譯者

[7] 聖保羅（Saint Paul），活動於公元一世紀，生卒無可考，耶穌之外基督教最偉大的傳播者，《聖經·新約》有大量關於他的記載。——譯者

[8] 哥倫布（Christophe Colomb, 1451-1506），意大利航海家、探險家。在西班牙女王的資助下，曾四次出海遠航，開闢了橫渡大西洋至美洲的航線。——譯者

[9] 德·雷賽布（Ferdinand de Lesseps, 1805-1894），法國外交官、實業家，曾主持開鑿蘇伊士運河。後來籌劃巴拿馬運河開鑿，但以失敗告終。——譯者

[10] 卡扎里（Henri Cazalis, 1840-1909），法國醫生、詩人，著有《憂鬱》（一八六八）、《虛無之作》（一八七二）等。——譯者

[11] 古斯塔夫·勒龐，《人與社會》，第二卷，第一一六頁，一八八一。

[12] 唐豪塞（Tannhäuser）是十三世紀的一名德國詩人，後來成為民間傳說中的人物。此處指瓦格納的歌劇《唐豪塞》，於一八四五年上演。——譯者

[13] 勒南（Ernest Renan, 1823-1892），法國思想家，對哲學、宗教和史學有深入研究，著有《道德和批判文集》（一八五九）、《耶穌傳》（一八六三）、《法國的思想與道德變革》（一八七一）等。——譯者

[14] 帕斯卡（Blaise Pascal, 1623-1662）：法國數學家、物理學家、哲學家、文學家，著有《論圓錐曲線》（一六三九）、《算術三角形》（一六五三）、《思想錄》（一六五八）等。——譯者

[15] 頭銜、勳章和軍裝對民眾的影響在各國都可以看到，甚至在個人獨立精神最發達的國家也不例外。針對某些人物在英國享有的聲望，我從最近的一本遊記裏引用一段有趣的話：

「在許多場合我都看到，即使最理智的英國人，也會因為接觸或看到一位英國上議院貴族而興奮不已。

「倘若他的現狀可以維持他的地位，他們首先就愛戴他，在看到本人後他們會心甘情願地忍受他的一切。我們看到在接近他時，他們高興得臉頰泛紅；如果他和他們講話，滿心的喜悅會讓他們面紅耳赤，眼裏閃爍出少有的光彩。不妨這麼說，他們骨子裏熱愛王公貴族，正像西班牙人熱愛舞蹈、德國人熱愛音樂、法國人熱愛革命那樣。他們對駿馬和莎士比亞的熱情不太強烈，從中得到的滿足和驕傲也不足掛齒。《貴族爵位名錄》發行量驚人，不論你走到何處，都會看到人手一本，就像《聖經》一樣。」

[16] 雅典衛城的主要建築之一，十七世紀毀於戰火。——譯者

[17] 奧格羅（Pierre Augereau, 1757-1816），法國軍官，曾追隨拿破崙征戰多年，因戰功顯赫而被擢升為元帥，拿破崙垮台後未及時歸順路易十八，最終結束了政治生涯。——譯者

[18] 巴拉斯（Paul Barras, 1755-1829），法國大革命時的政治家，貴族出身，是最早賞識拿破崙的人之一。——譯者

[19] 一七九三年十月三日，法國發生「葡月暴動」。熱月黨派領袖巴拉斯大膽任用拿破崙鎮壓叛軍。拿

破崙以大炮配合作戰，短短幾個小時就粉碎了叛亂陰謀，並由此贏得了「葡月將軍」的稱號。——譯者

[20] 馬塞納（André Masséna, 1758-1817），法國將軍，拿破崙麾下名將，於一八零四年被提拔為元帥。——譯者

[21] 旺達姆（Dominique Vandamme, 1770-1830），法國軍官，驍勇善戰、脾氣暴躁，由於公開批評拿破崙，故從未提升為元帥。——譯者

[22] 奧納諾（Philippe Antoine d'Ornano, 1784-1863），法國將領，拿破崙執政時期任近衛隊將軍，一八六一年被拿破崙三世任命為法國元帥。——譯者

[23] 拿破崙十分清楚自己的聲望，他知道要持續增加自己的聲望，就得待身邊的大人物比馬夫還不如，而這些人物當中的幾位著名議員卻曾讓歐洲都甚為膽寒。當時記述的許多重要事實都說明了這一點。在一次國務會議上，拿破崙粗暴地羞辱伯格諾〔Jacques Claude Beugnot（一七六一—一八三五），法國政治人物，拿破崙建立第一帝國後擔任要職，後曾接受榮譽勳章並出任省長。——譯者〕，就像對待一個沒有教養的男僕。達到效果之後，他走近此人又說：「喂，笨蛋！你找到自己的腦瓜沒？」身材高大的伯格諾深深地躬着腰，小個子伸手揪住大個子的耳朵。「這是讓人心醉的寵信標誌，」伯格諾寫道，「這是主人常見的親暱舉動。」這些事例讓人清晰地認識到，聲望可以產生多麼無恥的陳詞濫調。它們同時也讓人明白暴君對身邊的人那種極度的輕蔑，因為他只將他們看作「人肉炮彈」而已。

[24] 達武（Louis-Nicolas d'Avout, 1770-1823），法國元帥，曾為拿破崙麾下名將。——譯者

[25] 馬雷（Hugues-Bernard Maret, 1763-1839），法國政治家，曾先後擔任過拿破崙的國務秘書和外交大臣等職。——譯者

[26] 意大利托斯卡納群島中最大的島嶼，根據一八一四年四月十一日法蘭西帝國與反法同盟簽訂的《楓丹白露條約》，拿破崙一世被流放至該島。——譯者

[27] 這裏指夏爾·路易-拿破崙·波拿巴（Charles Louis-Napoléon Bonaparte, 1808-1873），拿破崙的侄子及繼承人，一八四八年當選法蘭西第二共和國總統，於一八五二年建立法蘭西第二帝國，稱拿破崙三世。一八七零年發動普法戰爭，在色當戰役中慘敗。——譯者

[28] 外國報紙、維也納的《新自由報》對雷賽布的命運進行了專題報道，其中的思考極具心理學遠見，因此我將其轉引如下：

「在費迪南·德·雷賽布被判刑之後，人們也無須再對哥倫布的可悲下場表示驚訝。如果雷賽布是個騙子，一切崇高的幻想也都是犯罪。古人會用榮耀的光環來紀念雷賽布，並讓他暢飲奧林匹克的甘露，因為他改變了地球的面貌，建立了讓造物趨於完善的功業。上訴法院的首席法官終因審判雷賽布而遺臭萬年，因為人們始終會去詢問他的名字，此人居然不怕貶損自己的時代，把囚犯的帽子扣在那代人引以為豪的這位老人頭上。

「在官僚仇視大膽創舉的地方，今後再也不要談論甚麼正義不可動搖。民族需要自信的勇士，他們克服所有障礙，置個人安危於不顧。天才不會謹小慎微，一味如此，絕不會擴大人類的活動範圍。

「費迪南·德·雷賽布嘗過勝利的喜悅和失敗的苦澀：蘇伊士和巴拿馬。在此，這顆心靈對成功的道德進行反叛。當雷賽布成功連通兩片海洋時，君王與國民向他致敬；如今當他敗給科迪勒拉山脈

的岩石時，他也不過是個粗俗的騙子……從中我們看到社會階級之間的戰爭，看到官員和僱主們的忿恨：對那些意欲出人頭地的同類，他們會利用刑法施以報復。在天才偉大的思想面前，現代立法者窘迫不已，而公眾對此也不甚理解。一名首席律師輕易就可以證明，斯坦利〔Henry Morton Stanley（一八四一—一九零四），英裔美國探險家、記者，因探索剛果河出名。——譯者〕是兇手，德．雷賽布是騙子。」

第四章　群體信仰與觀點的變化範圍

1、牢固的信仰。某些普遍信仰亙古不變//它們是文明的嚮導//根除它們十分困難//偏狹為何對民族來説是美德//一種信仰在哲學上的荒謬並不妨礙它的傳播

2、群體觀點的多變。不是來自普遍信仰的觀點極為多變//近百年來觀念和信仰的顯著變化//這種變化的真正界線//受到變化影響的元素//當前普遍信仰的消失和報業的迅速發展導致觀點日趨多變//為何群體觀點對大部份主題都漠不關心//政府無力像過去那樣引導輿論//當前觀點的多極發展阻止了政府的獨裁

1、牢固的信仰

個體的解剖特徵與心理特徵之間存在緊密的關聯。在這些解剖特徵當中，我們

會看到有些元素從不改變或變化很小，而它們的改變需要以地質年代來計算。除這些固定不變的特徵之外，也可以看到一些十分多變的特徵，極易因周圍環境、培育和種植方式發生改變，以至於有時觀察者稍不留心，它們就將個體的基本特徵掩蓋。

我們在道德特徵之中也可以看到同樣的現象。一個種族除亙古不變的心理元素之外，還有諸多變化的不定元素。因此，當研究一個民族的信仰和觀點時，我們始終發現在牢固的根基之上還嫁接着一些觀點，其多變猶如岩石上的流沙。

故而，群體的信仰和觀念可以分為截然不同的兩類。一方面，那些穩固的偉大信仰，它們可以持續數個世紀不變，整個文明都以此為基礎。比如，過去的封建觀念、基督教和宗教改革思想，以及當今的民族原則、社會和民主思想。另一方面，那些短暫而多變的觀念，它們往往源於普遍觀念，每個時代都會見證它們的誕生與滅亡。比如某個時期引領文學與藝術的理論，由此產生了浪漫主義、自然主義、神秘主義等流派，它們往往和時尚一樣膚淺，猶如一泓深淵表面不斷泛起而又消失的漣漪。

偉大的普遍信仰數量十分有限。對每一個歷史悠久的種族而言，這些信仰的誕生和消亡與歷史的發展高峰相隨，正是它們構成了文明的真正內核。

在群體心中建立一種瞬時觀點十分容易，但要確立一種長久的信仰卻極為困難，當然要根除業已確立的觀念也同樣困難。只有當信仰在民眾心中喪失統治地位時，借助暴力革命才能將其改變。因此，革命旨在鏟除人們幾近拋棄的信念，然而習俗的桎梏卻會阻礙人們徹底將其拋棄。革命的開始其實就是信仰的終結。

當一種偉大信仰的價值開始受人非議，這種信念滅亡的日子也就此宣告來臨。一切普遍信仰不過是一種神話，之所以持續存在也只是因為尚未受到審視。

然而，儘管一種信仰已經搖搖欲墜，由此衍生的制度仍會保存其力量，而且消亡十分緩慢。當這種信仰最終徹底喪失力量時，它所支撐的一切都會坍塌。至今還沒有任何民族在改變信仰後不立即變革其文明的所有元素。

這個民族會將文明元素的變革持續下去，直到一種全新的普遍信仰被人接納為止，在此之前只會處於無政府狀態。普遍信仰是文明必不可少的基石，它們影響着觀念的發展趨向。只有它們可以激發信念，並促進責任意識的產生。

人民始終清楚獲得普遍信仰的好處，他們本能地知道這些信仰的消亡是衰敗的信號。對羅馬帝國狂熱崇拜的信仰，讓羅馬人成為世界的主人。當這種信仰歸於沉寂時，羅馬帝國也隨即衰亡。那些摧毀羅馬文明的野蠻人，只有當他們擁有某種共有信仰時，他們才能取得一定的團結，並擺脫無政府狀態。

因此，人民在捍衛自己的信仰時歷來表現得如此偏執，這也並非沒有原因。這種偏執從哲學上來看應當加以批判，但在民族生活中卻代表一種優點。為建立或維護某些普遍信仰，中世紀曾經豎起那麼多火刑柱；諸多發明家和革新者即便逃脫酷刑，也難免死於絕望。為了捍衛這些信仰，世界經歷那麼多次動盪，數百萬人戰死疆場，而且依然還有人前仆後繼。

一種普遍信仰的建立會面臨重重困難，不過一經確立之後，它就長期具有不可征服的力量；無論這種信仰在哲學上如何荒謬，它仍會強加於那些極為明智的頭腦。在十五個世紀裏，歐洲人民難道不把宗教神話視為不容爭議的真理嗎？當仔細研究之後，就會發現它們其實和莫洛克[1]的宗教同樣野蠻[2]。上帝因為自己的造物拒不服從，便向自己的兒子施加可怕的酷刑進行報復，這種神話的荒誕在多個世紀裏居然從未被人識破。那些最偉大的天才，比如伽利略、牛頓、萊布尼茨，甚至從未想過這則神話的真實性有待商討。普遍信念產生的催眠效果比任何東西都好，但它同時也比任何東西都更好地表明，我們頭腦的局限是多麼令人慚愧。

一項新的教規在群體的頭腦當中扎根之後，就會成為人們的制度、藝術和行為的靈感。於是，教規對民眾的心理就具有絕對的統治，實幹家想着如何實現它，立法者想着如何施行它，哲學家、藝術家和文學家則醉心於如何以不同的方式表現它。

從基本信仰之中可以派生一些短暫的次要觀念，但它們始終帶有這種信仰的印記。埃及文明、中世紀歐洲文明、阿拉伯地區的穆斯林文明都源於為數不多的幾種宗教信仰，它們在這些文明的所有元素中都打上自己的烙印，使其極具辨識度。

正是因為這些普遍信仰，每個時代的人們都生活在由傳統、觀點和習俗交織的社會環境中，這種枷鎖他們不僅無法擺脱，而且也使彼此十分相似。真正引領着人們的，正是這些信仰以及由此衍生的習俗。它們規約着我們生活中的各種行為，即便是最具獨立精神的個人，也想不到要從中掙脱出去。真正的專制會無意識地對心理施加影響，因為這是唯一人們無從反抗的專制。提比略[3]、成吉思汗和拿破崙或許都是令人敬畏的暴君，但摩西、佛祖、耶穌和穆罕默德卻從他們的墳墓深處向人們的心理施加更為深刻的專制統治。一場密謀可以推翻一位暴君，但對牢固建立的信念又能如何？在反對天主教的激烈鬥爭中，儘管明顯贏得了群眾的支持，儘管採取了宗教法庭那樣無情的破壞手段，法國大革命最後還是以失敗告終。人類唯一真正的暴君，歷來都是死者的陰魂，或者人類自我編織的幻覺。

普遍信仰通常在哲學上雖顯荒謬，但這從來不會成為它們獲勝的障礙。也只有當信仰具有某種神秘的荒謬性時，獲勝似乎才成為可能。因此，社會主義信仰當前明顯的缺點，並不會妨礙它贏得民心。與所有的宗教信仰相比，它真正的劣勢在於：宗教信仰許諾的幸福理想只能在來世實現，對此人們無從反駁。社會主義的幸福理想必須在塵世實現，為實現這種理想進行初步嘗試之後，承諾的無效結果會立即顯現，這種新的信仰也會因此喪失所有的聲望。只有在取得勝利並開始付諸實踐的那一天，它的力量才會增長。正是由於這個原因，雖然這種新的宗教像之前的所有宗教一樣，起初也扮演毀滅者的角色，以後卻沒法像它們一樣扮演創造者的角色。

2、群體觀點的多變

我們剛才揭示了牢固信仰的力量，在這些信仰的表層還存在許多觀點、觀念和思想，它們會不斷出現和消亡。其中，有些歷時只有一天，而那些最重要的也不會超過一代人的壽命。我們已經指出，這些觀點的突然變化有時更多只是表面現象，而且始終帶有種族特徵的印記。例如，在審視我們國家的政治制度時，我們已經表明那些表面上完全相左的政黨——保皇派、激進派、帝國主義、社會主義等，它們的理想其實完全相同，而且這種理想只會源於我們民族的精神結構，因為同樣的名稱在其他民族之中會是截然相反的事物。不論是觀點的名稱，還是欺世愚人的篡改，都不會改變事物的本質。大革命時期的資產階級深受拉丁文學熏陶，他們着眼羅馬共和國，援用它的法律、權標和法袍，力圖模仿它的制度並以之為楷模；但他們並未變成羅馬人，因為他們始終受強大的歷史暗示支配。哲學家的任務就是尋找表面變化之下古代信仰的殘存成份，並從不斷變化的觀念之中區分受普遍信念和種族心理決定的因素。

沒有這條哲學準則，人們會以為群體經常隨意改變他們的政治或宗教信念。整個政治、宗教、藝術或文學的歷史，似乎都證明事情的確如此。

這裏，我們以一七九零——一八二零年這段短暫的歷史時期為例，這三十年正好是一代人的時間。我們從中看到，起初支持君主制的群體，先變成革命派，然後成為保皇派，最後又變成君主制的支持者。在宗教上，他們在此期間從天主教轉向無神論，繼而至自然神論，最後又回到最堅定的天主教。不僅群體經歷了這種變化，那些領導他們的人物也同樣如此。我們驚訝地看到，那些國民公會要員曾誓死與國王為敵，既不信上帝也不信主子，後來他們變成拿破崙恭順的奴僕，接着又手持蠟燭虔誠地走在路易十八率領的宗教隊伍中間。

在隨後的七十年中，群體觀點的轉變何等巨大！本世紀初「背信棄義的英國佬」，在拿破崙的繼承人統治時期變成了法國的盟友；過去兩次遭我們入侵的俄國，在法國上次敗北時鼓掌那麼熱烈，突然之間竟被當作朋友。

在文學、藝術和哲學中，觀點的更替更為迅速。浪漫主義、自然主義和神秘主義等，它們相繼誕生和消亡。昨天受人讚賞的藝術家和作家，明天就將遭到嚴重的污衊。

但是，當我們分析這些表面上如此重大的變化時，我們會發現甚麼？一切與普遍信仰和種族情感相悖的事物都會轉瞬即逝，被改道的河流不久便會重返原道。那些與任何普遍信仰和任何種族情感毫不相關的觀點，它們由於沒有穩固性，故而只能聽任機緣的擺佈，或者説，聽任周圍環境細微變化的擺佈。在借助暗示和傳染形成之後，這些觀點始終歷時十分短暫，它們出現與消亡的速度之快，有時亦如海邊被風吹起的沙丘。

如今，群體多變的觀點數量要比以往任何時代都多，這裏有三個不同的原因：

首先，以前的信仰由於日漸失去威力，已經無從像過去那樣對瞬時觀點施加影響並為它們指明發展方向。這些普遍信仰消亡後，必將讓位於眾多既無歷史也無未來的偶然觀念。

其次，群體勢力愈發強大，制衡力量卻日漸衰退，因而我們前面所說的觀念極其多變的特性將會自由地表現出來。

最後，近年報業的蓬勃發展，不斷把完全對立的觀點呈現在公眾面前。每一種觀點產生的暗示作用，很快就遭到對立暗示作用的破壞。於是，任何觀點都難以推廣，並注定要轉瞬即逝。在未得到廣泛傳播成為大眾觀點之前，它們就已經消亡於世。

上述幾種不同的原因，導致人類歷史上出現一種全新的現象，也即我所謂政府在引導輿論方面的無能為力，這也正是當前時代的顯著特點。

以前，而且是不久以前，政府的干預行為、個別作家與為數不多的幾家報紙的影響，它們構成輿論真正的調節力量。如今，作家的影響已經喪失殆盡，報紙也只是反映輿論而已。至於政要人物，他們不是引導輿論，而是竭力追隨輿論。他們對輿論的害怕有時甚至變成恐懼，而他們的行動路線由此也毫無堅定性可言。

於是，群體觀點就日趨變成最高的政治指導原則。現今，它甚至可以迫使國家之間結盟，比如我們最近看到的法俄同盟，這幾乎完全是大眾運動的產物。今天，看到教皇、國王和皇帝竟然接受報刊採訪，並將他們對某個問題的看法交給群眾去評判，這的確是一種奇怪的現象。以前，人們可以說政治不能感情用事；但現在，當政治愈發以群體的衝動為導向，多變的群體既無視理性又只受情感支配時，我們還能這麼說嗎？

至於過去引導輿論的報刊，也和政府一樣，在群體勢力面前退居其次。當然，報刊仍具有很大的影響，但這只是因為它完全反映了公眾輿論及其不斷的變化而已。在變成純粹的信息機構之後，報刊已不再力圖向民眾強加任何觀念和信條。於是，報刊緊跟公眾思想的各種變化，而競爭的需要也迫使它隨波逐流，以免失去自己的讀者。過去那些嚴肅而頗具影響的報業機構，比如《憲法報》《論壇》和《世紀報》，老一代人閱讀時像聆聽神諭一樣，現今卻要麼消亡，要麼變成信息欄，裏面夾雜些逸聞趣事、俗世緋聞和金融噱頭。今天，讓作者隨意發表個人觀點的報紙何在？而這些觀點又能產生甚麼影響？對只想獲得信息或從中取樂的讀者而言，在每一篇推薦的文章背後，他們始終認為有人在從中操控。評論界甚至也無力將一本書或一部劇捧紅。它可以惡語中傷，但卻不起作用。報紙十分清楚任何評論和個人觀點都毫無用處，於是逐步壓制文學批評，而只刊登書名和兩三行盛讚之言。二十年後，戲劇評論或許也將面臨同樣的局面。

今天，密切關注輿論已經成為報刊和政府的第一要務。它們需要知道一樁事件、一項法案或一次演説能產生何種效果。但這也絕非易事，因為沒有任何事情比群體的思想更為多變，也沒有任何現象比之前尚被盛讚轉瞬就遭痛斥的事件更為頻繁。

民眾輿論引導的缺失以及普遍信仰的瓦解，最終導致各種信念的多極發展。此外，群體對任何不與它們直接利益相關的事物愈發冷漠。至於社會主義等學説，只有在文盲階層才能找到真正堅實的擁護者，比如礦山和工廠的工人。小資產階級和那些多少受過教育的工人已經變成懷疑論者，或者至少變得極為多變。

近二十五年之內的這種演變十分驚人。在之前不遠的時代，人們的觀點仍然具有一種普遍趨向，因為它源於大家業已接受的基本信仰。只要一個人是君主制擁護者，無論在歷史上還是科學上，他就具有某些確定觀點；但只要一個人是共和黨，他就會持決然相反的觀點。君主制擁護者明確知道，人不是猴子演變而來；而共和黨人卻也同樣清楚，人就是從猴子演變而來。君主制擁護者談到革命心存恐懼，而共和黨人卻滿懷敬意。談到有些人名時，比如羅伯斯比爾和馬拉，言語之中必須帶有虔誠；提到其他人名時，比如愷撒、奧古斯都或拿破崙，卻不可能不加以痛斥。就是在我們的索邦大學，也普遍存在這種幼稚看待歷史的方式[4]。

現今，在討論和分析面前，一切觀點都會失去它們的聲望。它們的特徵很快退化，可以激發我們熱情的觀點少之甚少。現代人逐漸變得冷漠不堪。

對於觀點的分化也不必過於悲傷。即使這是民族生命衰敗的徵兆，人們對此也無從反駁。誠然，先知、使徒、領袖——也即信念堅定之人，與那些否定者、評判者、冷漠者相比，他們的力量要更為強大。不過我們切莫忘記，鑒於當前群體的勢力，一種觀念如果贏得了足夠的聲望並被接受，那它很快便擁有強大的專制權力，一切在它面前都會立即屈服，而自由討論的時代也將長久消失。群體有時像平和的主人，正如當年的赫利奧加巴勒[5]和提比略那樣，但他們有時又反覆無常。一種文明倘若落入群體手中，能否永世長存就完全聽天由命。如果有甚麼東西可以延緩文明的覆滅，那也正是群體觀點的極為多變和他們對所有普遍信仰與日俱增的冷漠。

註釋：

[1] 莫洛克神（Moloch）為古代地中海東部地區崇拜的神靈，對他的祭拜有以兒童為犧牲的習俗。——譯者

[2] 我從哲學意義上謂之野蠻。從實踐角度看，它們創造出一種全新的文明，使人類在十五個世紀內窺見夢中醉人的天堂和他們從不知曉的希望。

[3] 提比略（Tibère, 42 BC-AD 37），羅馬帝國的第二任皇帝，執政期間手段殘暴。——譯者

[4] 從這個角度看，我們官方的教授們在著作中的有些章節讓人甚為詫異，同時也表明批判精神的培養在我們的大學教育中有多麼薄弱。以下幾行摘自索邦大學歷史教授朗博（Rambaud）先生的《法國大革命》，我這裏將引以為例：「攻佔巴士底獄不僅是法國歷史，而且也是整個歐洲歷史的頂峰，它開創了世界歷史的新紀元！」關於羅伯斯比爾，我們驚奇地讀到：「他的獨裁尤其建立在觀點、勸說和道德權威上，這是一種握在君子手裏的教皇權位。」（頁九一、二二零）。

[5] 赫利奥加巴勒（Héliogabale，即 Elagabalus（埃拉加巴盧斯），二零三—二二二），於公元二一八年成為羅馬帝國皇帝，在平息叛亂中被禁衛軍眾殺害。——譯者

下篇　不同群體的分類與描述

第一章　群體的分類

群體基本的分類

1、異質群體。它們如何相互區別//種族的影響//種族的精神越是強大，群體的精神就越是薄弱//種族精神代表文明狀態，群體精神代表野蠻狀態

2、同質群體。同質群體的分類//宗派、階層和階級

在本書中，我們已經表明心理群體共有的普遍特徵。下面，我們將研究除這些普遍特徵之外，不同種類的集體受到相應刺激形成群體後具有的專屬特徵。

首先，我們將對群體進行簡單的分類。

我們的起點將是簡單的人群。當它由不同種族的個體組成時，就會呈現出最初級的形態。它唯一的共同紐帶，便是首領受人尊敬的意志。我們可以將來源極為不

同的野蠻人視為這類人群的典型，他們過去曾在數個世紀不斷入侵羅馬帝國。

比不同種族構成的人群更高級的類型，是在某些因素影響下獲得共同特徵並最終形成一個種族的群體。這些人群有時會表現出群體的專有特徵，不過這些特徵多少都受種族特徵的支配。

在本書業已闡明的某些因素影響之下，這兩種人群可以轉變成組織群體或心理群體。對於這些組織群體，我們作出如下分類：

A、異質群體

1、無名稱群體（如街頭人群）

2、有名稱群體（如陪審團、議會等）

B、同質群體

1、派別（如政治派別、宗教派別等）

2、階層（如軍人、僧侶、工人等）

3、階級（如中產階級、農民階級等）

我們將對這些不同類型群體的特徵予以簡要說明。

1、異質群體

我們之前在這本書中研究的正是這類群體的特點。它們由任意個體組成，不管他們的職業與智力。

現在，我們明白只要人們形成群體，那他們的集體心理與個體心理便截然不同，而且他們的智力水平也不會削弱這種差別。我們發現在群體中，智力並不起任何作用，只有無意識情感會發揮作用。

通過種族這一基本因素，就可將不同的異質群體決然分開。

我們曾多次談到種族的作用，並指出它是決定人們行動最強有力的因素。種族在群體特徵中也同樣發揮作用。一個群體如果由任意個體組成，但他們全是英國人或中國人；另一群體同樣由任意個體構成，但卻隸屬不同種族，比如俄國人、法國人、西班牙人等，那麼二者也迥然有別。

當某些極為罕見的情形將不同民族的個體，按照相近的比例聚集成一個群體時，即使他們出於表面的相同利益而集合，那些由遺傳精神結構在人們感受和思維方式上造成的巨大差異也立刻就會突顯出來。社會主義者試圖在世界大會上把各國工人代表納入其中，但最終總是搞得紛爭四起。一個拉丁群體，不論多麼熱衷革命或者多麼保守，為了實現自己的訴求，無一例外會求助於政府。這個群體總是偏愛集權，且多少有點獨裁意味。相反，一個英國或美國群體，則不會寄希望於政府，而只求助於個人的能動性。一個法國群體尤其強調平等，一個英國群體則特別看重自由。正是這些種族差異導致有多少個國家幾乎就有多少種社會主義和多少種民主。

因此，種族的精神完全支配着群體的心理。作為一種強大的底層力量，它規約着群體心理的變化。我們必須明白一條基本原則：種族的精神越是強大，群體的低級特徵就越不明顯。群體的狀態和群體的統治，正是野蠻狀態或野蠻狀態的回歸。只有在獲得穩固的精神後，種族才會逐漸擺脱群體缺乏思辨的蠻力，並從野蠻狀態中脱離出來。

除種族之外，對異質群體唯一重要的劃分，就是將它們分為無名稱群體（如街頭人群）和有名稱群體（如議會和陪審團）。在前一群體中蕩然無存的責任感，會在後一群體得到發展，這使二者的行為方向往往迥然相異。

2、同質群體

同質群體包括：（1）派別；（2）階層；（3）階級。

派別是同質群體的初級組織形式。它所包括的個體在教育、職業和環境上有時差異極大，他們之間唯一的聯繫便是信仰。比如，宗教和政治派別就屬於這種類型。

階層是群體可以形成的最高級組織。派別通常由職業、教育和環境不盡相同的個體構成，他們僅通過共有信仰聯繫起來；而階層僅由職業相同的個體組成，因此他們的教育和環境基本相同，比如軍人和僧侶就屬於這種類型。

階級由來源不同的個體組成，它既不像派別的成員因共同信仰而結合，也不像階層的成員那樣因相同的職業而結合，他們是因為某種利益以及特定的生活習慣和教育背景結合而成，比如資產階級、農民階級等。

由於我在本書中只討論異質群體，而把同質群體（派別、階層和階級）放在另一本書裏研究，因此這裏對後一種群體的特點不予強調。在結束對異質群體的研究時，我會考察一下幾種典型的特殊群體。

第二章　所謂的犯罪群體

所謂的犯罪群體//一個群體可以在司法上而並非心理上有罪//群體行為完全無意識//各種不同的事例//「九月慘案」參與者的心理//他們的推理、情感、殘暴和道德

在興奮階段過後，群體就陷入簡單自動的無意識狀態，完全受暗示支配，似乎很難將它們定性為犯罪群體。不過，我保留這種錯誤的定性，因為這已成為最近心理學研究約定俗成的說法。群體的有些行為就其本身而言的確屬於犯罪行為，但這同一隻老虎吞食一個印度人之前為使幼崽消遣而讓牠們把他撕碎的行為如出一轍。

群體犯罪的動因通常來自強烈的暗示，參與犯罪的個體隨後認定自己是在履行某種義務，這顯然完全不同於普通犯罪案例。

群體犯罪的歷史可以證明以上所述。我們不妨以巴士底獄獄長德羅內[1]先生遇

害作為典型案例。在這座堡壘被攻佔後，極度興奮的人群將獄長團團圍住，並從四面八方對他拳腳相加。大家提議把他吊死、斬首或拖在馬尾巴後面。在反抗過程中，他無意踢了一位在場者一腳。有人提議讓挨踢者去割斷獄長的喉嚨，這種建議立即得到民眾的讚許。

此人是一名失業的廚子，閒逛到巴士底獄只想看看這裏發生了甚麼。既然這是大家的意見，他於是認定這是一種愛國行為，甚至覺得自己除掉惡魔應該得到一枚勳章。他用遞來的刀向監獄長裸露的脖子砍去，然而刀並未磨好，根本砍不動。於是，他從自己兜裏掏出一把黑柄小刀（作為一名廚子，他切肉相當在行），順利地完成了任務。

這裏，可以清晰地看到上面所述的機制。由於服從的暗示來自集體，故而也更為強大；行兇者由於得到同胞的一致贊同，自然也就更加堅信自己幹了一件很有功德的事情。類似的行為在司法上可以定性為犯罪，但在心理上卻並非如此。

所謂的犯罪群體的普遍特徵與我們在所有群體中看到的特徵完全相同：易受暗

示、輕信、多變、善惡情感的誇張以及表現出某種道德等。

在法國歷史上令人感到極為恐怖的群體，也即參與「九月慘案」的群體，我們從中可以看到所有這些特徵。此外，這個群體的表現與製造「聖巴托羅繆慘案」的群體十分相似。我在此引用泰納的詳細記述，他已參閱當時的所有文獻。

沒有人確切知道，是誰下令或提議殺掉囚犯來清空監獄。不論是丹東（有這個可能）還是別人，這都不重要。我們關心的唯一事實，是負責殺戮的群體受過強烈的暗示。

這支殺戮隊伍約有三百人，是個十分典型的異質群體。除了少數職業流氓以外，人群主要由店主和各行各業的工匠組成：鞋匠、鎖匠、假髮商、泥瓦工、僱員、掮客等。在所受暗示的影響下，他們就像前面提到的那名廚子，完全相信自己是在履行一項愛國任務。他們擔當起雙重角色，既是法官又是劊子手，也絲毫不認為自己在犯罪。

由於堅信自己責任重大，他們着手成立臨時法庭，從而立即表現出群體頭腦簡單和公正幼稚的特點。鑒於被告人數眾多，他們決定首先把貴族、神父、官員和王室奴僕統統殺掉，認為無須對他們逐個判決，因為在一名優秀愛國者眼裏，所有這些人單憑職業就說明他們有罪。其他人則根據個人表現和聲譽加以判決。群體的基本良知由此得到滿足，於是就可以合法地實施殺戮，並盡情釋放自己殘忍的本能。我在別處討論過這種本能的來源，而集體始終將它發揮得淋漓盡致。不過，這種本能並不妨礙他們表現出其他決然相反的情感，比如他們的善意常常和他們的殘忍一樣極端，這也正是支配群體的法則。

「他們有巴黎工人豐富的同情心和敏銳的感受力。在奧布瓦修道院[2]，當一位社員得知囚犯已經二十六小時沒有水喝，於是決意要處決玩忽職守的獄卒；如果不是犯人們親自求情，他定然會如此行事。當一名囚犯被（臨時法庭）宣告無罪後，包括衛兵和行刑者在內的所有人都激動地與他擁抱，人們瘋狂地鼓掌」，然後繼續大批處決其他囚犯。在整個屠殺過程中，歡快的情緒從未間斷。他們圍在屍體旁跳舞唱歌，並「為女士們」擺好長櫈，以便她們愉快地觀看貴族被人處決。而且，他們也繼續表現出一種特有的公正。一名行刑者在修道院還抱怨說，那些坐得遠的女士看得不夠真切，而在場者只有少數人享受了痛打貴族的樂趣。大家都認為他說得有道理，於是決定讓囚犯從兩排處決者中間徐徐走過，後者用刀背劈砍囚犯以延長執刑時間。在福斯監獄[3]，人們把受害人剝得精光，刀剮半小時之久，等大家看夠之後，再一刀剖開肚子結束其性命。

此外，劊子手們不僅十分謹慎，而且表現出道德意識。我曾指出這種道德意識也存在於群體之中。他們拒不私吞受害人的錢財和首飾，而是將其全都拿到會議桌上。

在他們的所有行為中，始終可以發現群體心理中特有的基本推理方式。因此，在處決了一千二百至一千五百位人民公敵之後，有人指出其他關押老乞丐、流浪漢、青年犯的監獄其實還養着一些無用之人，不如索性將他們幹掉；他的建議立刻就被採納。當然，他們中間肯定有人民的敵人，比如一位名叫德拉盧的婦女，她是一個投毒犯的遺孀：「她肯定對坐牢非常憤怒。如果能辦到，她會一把火燒掉巴黎。她應該説過這話，她肯定這麼説過，乾脆把她除掉。」這種論證似乎在理，囚犯應當統統被處決，其中包括五十多名十二至十七歲的兒童，他們已經被想當然地當作國家的敵人，因此最好將他們幹掉。

行刑一週之後，所有處決最終結束，殺戮者可以考慮休息了。他們內心深信自己已經為國立功，於是前去向當局請賞，有些最為狂熱的分子甚至還索要勳章。

一八七一年巴黎公社的歷史提供了多個類似的事例。隨着群體影響的不斷增長，權力機構在它面前只能節節退讓，我們必將看到越來越多這樣的事例。

註釋：

[1] 德羅內（Bernard-René Jordan de Launay, 1740-1789），法國侯爵，於一七七六年子承父業擔任巴士底獄獄長，在巴黎民眾攻佔巴士底獄時被殺。——譯者

[2] 這裏指巴黎的奧布瓦修道院（l'Abbaye-aux-Bois），一六四零年建立，法國大革命時期曾用來關押罪犯。——譯者

[3] 福斯監獄（la Force），位於巴黎第四區，於一七八零年建立。法國大革命期間被暴民佔領，一七九二年「九月慘案」期間一百六十多名囚犯遭到殺戮。監獄於一八四五年拆除。——譯者

第三章　重罪法庭陪審團

重罪法庭陪審團//陪審團的基本特徵//統計數據表明他們的判決與他們的構成無關//陪審團如何受到影響//推理的微弱作用//知名律師的勸説方法//陪審團寬大或嚴厲處理的罪行本質//陪審團制度的優勢及其由法官取代後的極端隱患

鑒於這裏無法對所有類型的陪審團進行研究，所以我只考慮其中最重要的類型，也即重罪法庭陪審團。這種陪審團為有名稱的異質群體提供了絕好的例證，我們從中將看到它們易受暗示、無意識情感佔據主導、推理能力乏弱、領袖影響深重等特點。在研究過程中，我們將有機會看到那些不懂群體心理學的個人犯錯的有趣事例。

這些陪審團首先為我們完美地表明，從判決的角度來看，群體不同成員的智力水平無關緊要。我們已經看到，當要求評議會就某個非技術性問題發表看法時，智力絲毫不起作用；一幫學者或藝術家只要聚集成群，他們針對普遍問題作出的判斷與一夥泥瓦工或雜貨商並無顯著差異。在以往不同時期，尤其在一八四八年之前，行政機關精心遴選陪審團成員，並從文化階層中進行招募：教授、公務員、文人等。如今，陪審團大多來自小商人、小老闆、僱員等。然而，讓專家們大為驚詫的是，無論陪審團由何人構成，統計顯示他們的決議都大同小異；甚至連那些敵視陪審團制度的法官，也不得不承認這種說法的正確性。重罪法庭的前任庭長貝拉·德·格拉熱先生在他的《回憶錄》中就針對這個問題表達了自己的看法：

> 今天，陪審員的遴選實際掌握在市議員手裏。他們審時度勢地根據政治和選舉需要，隨意吸納或刪減人員……大多入選陪審團的都是不像過去那樣重要的商人和某些政府部門職員……在執行判決的過程中，他們的觀點和職業都消失得無影無蹤，許多人像新手那樣熱情洋溢，連最有主見的人也變得極為謙遜，陪審團的精神並未改變：判決依然相同。

對於我剛引述的這段話，我們要記住裏面正確的結論，而非那些乏弱無力的解釋。不要對這種無力的解釋感到吃驚，因為對群體的心理，進而對陪審團的心理，那些法官和律師似乎通常都同樣無知。我從剛才這位作者提到的事實中還找到了證據。重罪法庭有名的出庭律師拉肖先生，處心積慮地利用自己的權力，拒絕讓聰明人加入陪審團。然而，經驗——唯有經驗——最終告訴我們，這種拒絕毫無用處。事實證明，如今公訴人和出庭律師，至少在巴黎，都已徹底摒棄這種做法。正如德·格拉熱先生指出的那樣，判決並未改變，「它們既不會更好，也不會更糟」。

正如所有群體，陪審團受情感的影響極其強烈，而受理性的影響卻極其微弱。一位律師寫道，「看到一位哺乳的婦女或者一幫孤兒，他們就無力反對。」德·格拉熱則說，「一個婦女只要討人憐愛，就足以贏得陪審團的好感。」

陪審團對那些可能傷害他們的罪行會毫不留情，這些罪行對社會而言也十分危險；對那些所謂由感情問題引發的犯罪，他們相反卻表現得尤其寬容。對弒殺嬰兒的未婚母親，他們很少表現得嚴厲；對遭人拋棄後用硫酸對付勾引者的少女，他們表現得更為寬容。因為他們憑本能強烈地感到，這類犯罪對社會沒有多大威脅；[1]在遭人拋棄的女孩不受法律保護的國家，她為自己報仇非但無害反而有益，因為這可以事先震懾以後的勾引者。

和所有群體一樣，陪審團會被聲望嚴重蒙蔽雙眼。德·格拉熱庭長曾恰當地指出，陪審團的構成雖十分民主，但在感情上卻相當貴族：「姓氏、出身、財富、名聲、知名律師辯護，一切顯赫光耀之物，都會成為被告手中有力的籌碼。」

如何打動陪審團的情感，並像應對所有群體那樣，盡量少作論證或只用基本推理形式，這正是一名優秀的律師首要考慮的問題。一位在重罪法庭打贏官司出名的英國律師，還詳細描述了其中的做法：

> 他在辯護時要留心觀察陪審團。這是個有利時機。憑借個人才華和經驗，律師從大家的面部表情，就可以領會每個詞、每句話的效果，並從中得出結論。首先，要找出事先認同這樁案件的陪審員，對此辯護人瞬間就可以確定。隨後，他轉向那些看似不太認同的陪審員，並努力搞清他們為何反對被告。這是辯護工作中的微妙部份，因為除正義感之外，還有無數的理由可以給人定罪。

這幾句話道出了演說藝術的核心，我們從中可以看出，為何事先準備好的演講無濟於事，因為必須要根據演說產生的效果隨時更改措辭。

辯護人無須轉變陪審團所有成員的態度，他只需轉變那些左右大家觀點的領袖即可。正如所有群體，陪審團也是個別人領導其他人。「我通過經驗發現，」前面提到的那位律師說，「在給出判決的時候，一兩個強有力的人物就足以引領陪審團的其他成員。」必須採用巧妙的暗示來說服這一兩個人。首先，最重要的是取悅他們。群體中的個人在被取悅之後，基本上就已經被說服，這時無論向他提出甚麼理由，他都認為十分可信。從有關拉肖先生有趣的報道中，我找到以下一則趣聞逸事：

大家都知道，拉肖在重罪法庭上辯護的整個過程中，視線絕不離開兩三個他知道或感到既有影響又難對付的陪審員。通常來說，他最終都能制服這些頑固分子。不過，有一次在外省，針對一位陪審員，他堅持不懈地論說了大半個小時，卻依然無濟於事：就是坐在第二排第一座的第七陪審員。局面何等沮喪！忽然，拉肖停止慷慨激昂的陳述，轉而對庭長說，「庭長先生，您能派人把對面的窗簾拉上嗎？第七陪審員已經被陽光晃花了眼。」第七陪審員臉紅起來，他微笑着表示謝意。於是，他被爭取到被告這邊。

最近，多位作家猛烈抨擊陪審團制度，其中包括非常有名的作家，但這種制度是避免誤判的唯一方式，而且這種錯誤在一個無人監督的階層當中確實經常出現。[2]一些人主張只從文化階層招募陪審團成員，但我們已經證明即使在這種情況下，所得判決和當前的判決也完全相同。另一些人以陪審團所犯錯誤為根據，希望廢除陪審團而用法官取而代之。但他們怎能忘記，那些歸責於陪審團的錯誤，也總是法官犯錯在先，因為在被告帶到陪審團面前時，他就已經被多位法官（預審法官、共和國檢察官和起訴法庭）認定有罪。難道人們看不出來，如果被告由法官而不是陪審團給出最終判決，他將失去找回清白的唯一機會？陪審團的錯誤歷來首先是法官的錯誤。因此，當人們看到極其嚴重的司法冤案，比如對下述L醫生的判刑，就只應該譴責地方法官。一位半癡的姑娘指控這名醫生曾為三十法郎替她墮胎，一名學識極其狹隘的法官據此起訴醫生。如果不是因為激起眾怒，國家元首立刻對其赦免的話，醫生早已被發配到苦役犯監獄。所有同胞都為被告的名譽給予聲援，這使案件的嚴重誤判顯而易見。那些法官自己也承認這一點，但出於階層的利益考慮，他們卻極力阻撓赦令的簽署。在所有類似的案件中，當遇到完全不懂的技術細節時，考慮到整個案件畢竟已經由擅長此道的法官調查過，陪審團自然會傾聽公訴人的意見。那麼，誰才是誤判真正的主使？是陪審團還是地方法官？我們要慎重地保留陪審團。它或許是個體唯一不能取代的群體類型，只有它能削弱法律的嚴酷。儘管法律原則上人人平等，但它對特殊情況卻視而不見。法官不講憐憫，只懂法律條文，出於職業的嚴厲，對入室行竊的殺人犯和被勾引者拋棄陷入絕境而弒嬰的可憐姑娘，他會處以同樣的判罰。然而，陪審團會本能地感覺到，被誘騙的姑娘要比勾引者罪輕得多，既然後者逃脱了法網，她也理應得到寬容的判罰。

由於十分了解這些階層和其他種類群體的心理，我絕不認為在一樁案件中如果被誤控有罪，不是去和陪審團打交道，而該去找地方法官解決。從前者那裏我尚有幾分把握找回清白，而從後者那裏討回清白就毫無可能。我們畏懼群體的力量，然而有些階層的權力更令人生畏；前者可以被説服，後者卻從不讓步。

註釋：

[1] 這裏順便指出，陪審團本能地把犯罪劃分成威脅社會和不威脅社會兩類，這並非完全有失公正。刑法的目的顯然是保護社會不受罪犯危害，而不是為了實施報復。然而，我們的法典，尤其我們的那些法官，卻依然完全帶有原始法律報復的傾向，而「起訴」（源於拉丁語「報復」）一詞，仍在日常生活中使用。地方法官帶有這種傾向的證明便是，他們中的許多人都拒絕實行「布朗熱法」，該法允許罪犯不必服刑，除非他再次犯罪。不過，任何法官都無法否定，對初犯加以處罰，必然導致二次犯罪，因為這已經在統計學上得到了證明。但當法官輕饒罪犯時，他們總感覺沒有為社會復仇；與不為社會復仇相比，他們更願意製造一個危險的累犯。

[2] 事實上，法官是行為不受監管的唯一行政階層。儘管不斷發動革命，民主的法蘭西卻沒有像英國人為之自豪的《人身保護法》。我們消滅所有的暴君，但在每個城市卻又選出法官，憑他隨意處置公民的榮譽和自由。一位小小的督查官，剛從法學院畢業，卻擁有令人反感的權力。他僅憑懷疑，也無須向任何人證實，就可以隨意把最有地位的公民送進牢房。他以預審為藉口，可以把人關押六個月甚至一年，最後釋放時也無須任何賠償或者道歉。現今的傳票完全就像國王的逮捕密令，區別在於後者在君主制時代曾遭到公正的譴責，而且只適用於那些顯要人物，而前者則操縱在公民階層手裏，他們也遠未達到頭腦開明和思想獨立。

第四章 選民群體

選民群體的普遍特點//如何說服他們//候選人應當具備的品質//聲望的必要性//工人、農民為何很少從他們自己當中推舉候選人//詞語和套語對選民的威力//競選演說的總體特點//選民的觀點如何形成//委員會的權力//它們代表最可怕的專制形式//大革命時期的委員會//雖然在心理學上價值微弱，但普選卻不能被取代//將選舉權限定在特定公民階層之中，為何投票結果依然相同//普選在各國的表現形式

選民群體，也即應召參與選擇候選人的集體，屬於異質群體。由於他們行事只有一個明確目標：從不同的候選人中選擇，因此我們能從這種群體中看到之前所述的有些特徵。他們尤其表現出推理能力差、缺乏批判精神、急躁、輕信和思維簡單的群體特徵。從他們的表決之中，我們也可以看到領袖的影響，以及我們之前列舉

的那些因素（斷言、重複、聲望和傳染）發揮的作用。

我們先來研究如何吸引選民。在那些最成功的方法中，他們的心理也彰顯無遺。對候選人來說，他所具備的首要品質是聲望。只有財富可以取代個人聲望，而才幹甚至天賦都不是獲勝的必然要素。

候選人必須享有聲望，也就是說不經討論就能被人接受，這一點至關重要。那些多數由工人或農民組成的選民，很少會從他們自己當中選舉代表，原因就在於從這個階層選出的個體對他們而言毫無聲望。如果他們偶然推舉同類，那也只是出於一些次要原因，比如對抗一位顯赫的人物或強勢的僱主；選民平日必須依靠這位人物或僱主，因此想從他們身上找到一時成為人主的幻覺。

然而，享有聲望並不足以確保候選人獲勝。選民需要有人來滿足他的貪婪和虛榮；奉承他的時候必須極盡溢美之詞，而且要毫不猶豫地向他作出天花亂墜的承諾。如果選民是工人階級，辱罵中傷僱主再過份也無妨。對於競選對手，要打敗他就要設法利用斷言、重複和傳染，將他說成是十足的無賴，並且讓無人不知他罪孽深重。顯然，去搜索證據也毫無用處。如果對手不懂群體心理，不是以斷言回應其他斷言，而是設法通過論證為自己辯護，那他將毫無獲勝的機會。

候選人的書面綱領不能太過明確，免得對手隨後借此來加以反駁；但他的口頭綱領再怎麼浮誇也不為過。對於那些重要的改革，要毫無懼色地予以承諾。目前，浮誇言辭可以產生很大影響，而將來這些言辭便不受約束。其實，選民絲毫也不關心後來當選人是否遵守自己許下的承諾，但正是基於這些承諾他才得以當選。

這裏，我們可以看出之前描述的所有勸說手段。在詞語和套話（其神奇力量我們已經點明）的作用當中，我們還將看到這些因素。懂得運用這些手段的演說家，就能隨意支配群體。諸如「不義之財」、「可惡的剝削者」、「可敬的工人」、「財富的社會化」之類的說法，儘管有點陳腐，卻總能產生同樣的效果。倘若候選人找到新的套話，不僅沒有確切含義，而且還能迎合各種願望，那他必將大獲全勝。一八七三年西班牙那場血腥的革命，就因一個含義複雜的奇妙詞語而引發，每個人都可以根據個人意願對它加以闡釋。當時的一位作家講述了該詞的起源，對此值得引用如下：

激進派已經發現，統一的共和國其實是偽裝的君主制，於是為了討好他們，議會一致宣佈建立聯邦共和國，不過投票者誰也說不清剛才為何投票。然而，這個名稱卻讓大家感到欣喜萬分，這是一種狂熱、一種陶醉。美德與幸福統治的王國就要降臨這塊大地。如果政敵拒絕稱他為聯邦主義者，一位共和黨人會認為自己受了奇恥大辱。人們在大街上這樣相互問候：「聯邦共和國萬歲！」然後，大家又為全無紀律和士兵自治高唱讚歌。「聯邦共和國」到底是甚麼？有些人將它理解為各省的解放、類似美國的分權制度或行政權力的下放；另一些人則提出應該消滅一切權力，然後進行社會大清算。巴塞羅那和安達魯西亞的社會主義者宣揚公社權力至上，意欲在西班牙建立一萬個獨立的自治區，它們只遵守自己的法律，廢除軍隊和憲兵。在南部各省，叛亂很快就從一座城市向另一座城市、一個村莊向另一個村莊蔓延。每個公社一宣佈獨立，首先去破壞電報和鐵路，並切斷與相鄰地區和馬德里的所有聯繫。沒有一個凋敝區縣不打算另立爐灶。聯邦制讓位於殘暴的區縣自治，人們殺人放火，到處充斥着血腥的狂歡。

至於理性對選民的頭腦可能施加的影響，也只有從未讀過那些有關選民集會報道的人才不會在這個問題上有所懷疑。在這種集會上，人們妄加斷言、互相謾罵，有時還拳腳相向，但從來不會講理。如果偶有片刻安靜，也是因為有位難纏的與會者宣稱要向候選人提問，而那類尷尬的問題總會博得聽眾的歡心。不過，反對派也不會滿足太久，因為提問者的聲音很快就被對手的噓聲湮沒。以下是我從日報上幾百個類似事例中選出的，不妨將它作為公眾集會報道的典型來看：

一名組織者懇請參會者任命一位主席，風暴立刻席捲全場。無政府主義者跳到前台，欲強行佔領會議桌；社會主義者竭力反抗。人們扭打起來，相互指責對方是奸細、賣國賊……一位公民腫着一隻眼睛退出了會場。

最後，會議在喧鬧中勉強恢復秩序，發言席讓給X同志。

演說者極力抨擊社會主義者，後者則高喊「白癡、無賴、流氓」等詞將他打斷。針對這些髒話，X同志擺出一套理論作答，並據此認為社會主義者「愚蠢」或「輕浮」。

昨晚，阿勒曼黨[1]在福伯格宮大街的商會大廳組織了一次大型活動，旨在為慶祝「五一」勞動節作準備。活動的口號是：「沉着冷靜！」

G同志……影射社會主義者是「白癡」和「騙子」。

聽到這番話，演說者和聽眾互相謾罵，並最終大打出手。椅子、櫈子和桌子，全都派上了用場……

切莫認為這類爭論僅限於特定的選民群體，並且由他們的社會地位決定。在所有匿名的集會上，即使參會者全是文化人，爭論也會採取同樣的形式。我已經指出人聚集成群後，智力便趨於均等，對此我們隨時可以找出例證。以下便是我從一八九五年二月十三日的《時報》上摘錄的有關一次集會的報道：

隨着晚會的進行，喧囂有增無減。我不相信有任何演講者能說上兩句話而不被打斷。每時每刻，叫喊都此起彼伏，或者呼聲四起。有人鼓掌，有人噓哨；聽眾中間出現了激烈的爭吵；有人揮着木棒以示威脅；有人不停用腳跺地板；歡呼的聲音緊隨打斷者的叫喊：「滾出去！讓他說！」

C先生破口大罵，滿嘴都是可惡、懦夫、魔鬼、無恥、唯利是圖、打擊報復之詞，並揚言要擊敗對方……

人們也許會問，在這種環境中選民的觀點如何形成？但一個人若提出這樣的問題，必然對集體享有的自由程度抱有奇特的幻想。群體只有被人強加的觀點，而絕無思考得出的觀點。選民的觀點和投票都受選舉委員會操控，而委員會頭目通常都是葡萄酒商人，他們由於賒賬給工人所以影響極大。當今最勇敢的民主衛士謝雷先生[2]就曾寫道：「你們知道甚麼是選舉委員會？簡單來說，它是我們所有制度的關鍵所在，也是政治機器的核心部件。法國如今就由委員會統治[3]。」

只要候選人多少被人接受，並擁有足夠的經濟資源，對群體施加影響並不困難。根據捐贈者的招供，三百萬法郎就足以讓布朗熱將軍在多輪選舉中獲勝。

這正是選民群體的心理。和其他群體的心理一樣，它既不會更好，也不會更壞。根據以上所述，我並不會得出反對普選的結論。如果由我決定它的命運，我會保留它的現狀，其中的實際動因正好源於我們對群體心理的研究，對此我將加以說明。

普選的弊病無疑過於明顯，很難讓人視而不見。不可否認，文明是少數精英的產物。他們構成金字塔的頂點，以下各級逐漸變寬，思想價值卻愈發低下，這些塔級構成一個民族的深厚階層。一種文明的偉大定然不由低層民眾的投票決定，他們只是人數眾多而已。或許，群體選舉往往還十分危險，它們已經讓我們遭受多次入侵。隨着社會主義的勝利，群體選舉將為此鋪平道路，大眾至上的異想天開可能還會讓我們付出更為慘重的代價。

然而，這些在理論上絕佳的反對意見在實踐中卻威力盡失，畢竟我們知道觀念變成信條之後具有不可征服的力量。從哲學觀點來看，群體至上的信條就像中世紀的教條那樣不堪一駁，但如今它卻擁有絕對的權力。因此，它也像過去我們的宗教觀念一樣無懈可擊。假若用法術將一位思想自由的現代人送回中世紀，面對盛行的宗教觀念具有的至高無上的權力，難道你們認為他會試圖對此發起攻擊嗎？當他落到一位法官手裏，因被控與魔鬼締約或曾赴巫師夜宴而遭受火刑時，他能想到去反駁魔鬼和夜會的存在嗎？正如人不會和龍捲風討論那樣，人也不會過多討論群體的信念。普選的信條如今具有過去基督教信條的威力。演說家和作家在談到普選時表現出的那種恭敬與讚許，就是路易十四也未曾享受過。故而，應該要像對待所有宗教信條那樣來對待它。唯有時間能對它施加影響。

此外，試圖撼動這種信條徒勞無益，因為有太多明顯的理由支持普選。托克維爾曾正確地指出，「在平等的時代，人與人之間互不信任，因為他們彼此相似；但也正是這種相似性，讓他們幾乎盲信公眾的判斷力；因為在他們看來，既然每個人受到相同的啟蒙，真理只會掌握在大多數人手裏。」

現在，難道認為限制選舉權（可以的話將其限於能者當中）會改善群體投票的結果嗎？我對此全然不會認同。因為正如我之前所言，不論它們的構成如何，所有群體的思維能力都很低下。人在群體當中始終趨於相同，而且在普遍問題上，四十名院士的表決並不會比四十個挑水工的表決更好。比如投票重建法蘭西帝國，我絕不相信那些飽受譴責的普選投票結果，會與僅從學者和文人中招募投票人得到的結果有甚麼差別。一個人不會因為通曉希臘語或數學，身為建築師、獸醫、大夫或律師，就在社會問題上有獨特的洞察力。我們的經濟學家都受過高等教育，而且大多還是教授或院士。對任何一個普遍問題，比如貿易保護、複本位制等，他們何曾達成一致意見？誠然，他們的學識不過是普遍無知的一種淡弱形式而已。在社會問題面前，未知因素如此之多，所有的無知基本相同。

所以，即便選民群體僅由飽學之士組成，他們的投票結果也不會比現今的投票結果好多少。他們仍然會受自己情感和黨派精神的驅使。我們當前面臨的困難一個都不會少，而且我們必將受到這些階層的專制壓迫。

不論受限還是普遍，為共和國還是君主國所用，在法國、比利時、德國、葡萄牙還是西班牙實行，群體的選舉權到處都一樣，它必然反映出一個種族無意識的嚮往和需要。對每個國家而言，當選者的平均水平代表着這個種族的精神。從一代人到另一代人，我們發現這種精神幾乎完全相同。

因此，我們再次回到種族這個基本概念，對此我們已經多次碰到，從這個概念又可引出另一種觀念，即制度和政府在民眾生活中的作用十分微弱。民眾主要受種族的精神支配，也就是說受祖先遺產的支配，而精神正是這些遺產的總和。種族與日常所需的逼迫，這才是主宰我們命運的神秘主人。

註釋：

[1] 社會主義革命工人黨的別稱，由法國政治家讓·阿勒曼（Jean Allemane, 1843-1935）創立，宣揚以革命方式進行總罷工。——譯者

[2] 謝雷（Edmond Schérer, 1815-1889），法國神學家、政客，一八七一年當選國民議會議員，經常在報紙上對文學和時政發表評論文章。——譯者

[3] 不管採用甚麼名稱，比如俱樂部、辛迪加等，委員會都可能是來自群體權力最可怕的危險。其實，

它們代表最非人格化也最具壓迫性的專制形式。委員會的領袖代表集體說話和行動，因此他們不承擔任何責任，完全可以為所欲為。甚至最殘忍的暴君，也從來不敢奢望像革命委員會那樣頒佈禁令。巴拉斯曾說，他們在國民公會裏大開殺戒，並隨意裁撤議員。羅伯斯比爾只要代表他們發言，他就是絕對的主子。當這位可怕的獨裁者因自大脱離他們時，他便失去了權力。群體的統治就是委員會的統治，也即是領袖的統治。人們無法想像還有比這更為嚴厲的暴政。

第五章　議會團體

議會中的群體表現出異質群體的大部份特徵//觀點的簡化//易受暗示及其局限性//不可改變的觀點和變幻不定的觀點//為何會懸而不決//領袖的作用//他們享受聲望的理由//他們是議會的真正主宰，投票只是少數人的決定//他們施加的影響//演講術的要素//詞語和形象//領袖在心理上普遍信仰堅定或偏狹的必要性//沒有聲望的演說者無法讓人接受他的觀點//或好或壞的情感在議會中的誇張//某些時刻議會表現的自動性//國民公會會議//議會失去群體特徵的情況//專家在技術性問題上的影響//議會制度在所有國家的優點和隱患//它適應了現代需求，卻造成財政浪費和自由的逐步限制//結語

議會代表有名稱的異質群體。儘管議員的遴選因不同的時代和民族而變化，但

是它們的特徵卻非常相似。其中，種族的影響會增強或削弱這些特徵，但絕不會妨礙它們的表現。那些差異極大的國家，比如希臘、意大利、葡萄牙、西班牙、法國和美國，它們的議會在辯論和投票上卻十分相似，這也使各國政府可以應對同樣的困難。

此外，議會制度是所有現代文明國家的理想。它反映了一種心理上有誤但卻廣為接受的觀念，也即針對一個既定議題，一大群人要比幾個人更能作出明智而獨立的決定。

在議會團體中，我們也可以看到群體的普遍特徵：思維簡單、急躁、易受暗示、情感誇張、領袖影響巨大。但由於組成特殊，議會群體也表現出某些不同之處，對此我們很快將予以說明。

意見簡化是議會團體最顯著的特徵之一。在所有黨派中，尤其在拉丁民族的黨派中，始終可以看到一種傾向，即以最簡單的抽象原則和適用於所有情況的普遍法則來解決最複雜的社會問題。這些原則自然會因每個黨派而有所不同。但個體只要形成群體，他們始終趨於誇大這些原則的價值，並傾向於將它們貫徹到底。因此，議會尤其代表眾多的極端意見。

議會意見簡化的典型是法國大革命時期的雅各賓黨。他們既教條又講邏輯，頭腦中盡是模糊的普遍法則，所以只顧死守陳規，而不管事實情況。我們有理由說，他們經歷了革命，卻沒有看到革命。在極其簡單的教條指引下，他們幻想着要徹底改造社會，並將一個精緻的文明帶回社會進化的初期階段。他們實現這種夢想的辦法同樣帶有絕對簡化的特點。實際上，他們只知道暴力摧毀所有障礙。不論吉倫特派[1]、山嶽派[2]還是熱月黨人[3]，所有人都受到這種精神的鼓舞。

議會群體極易受暗示影響。與所有群體一樣，暗示來自享有聲望的領袖。不過需要指出的是，在議會群體中這種暗示有着明確的界限。

在有關地方利益的所有問題上，議會中每位成員都持固定不變的看法，任何論證也無法將其動搖。即使有狄摩西尼[4]的天賦，也難以讓一位議員針對貿易保護或釀酒者特權等問題在投票時改變決定，因為這類問題代表着顯赫選民的訴求。這些選民事先給出暗示，勢頭足以消除其他所有暗示，進而維持意見的絕對穩固。[5]

在推翻內閣、徵收新稅等普遍問題上，則沒有任何固定意見，領袖的暗示可以發揮作用，但卻完全不同於在普通群體當中。每個黨派都有幾位領袖，有時他們的影響不相上下。於是，議員便處於兩種對立意見之間，因此難免會遲疑不決。所以，經常看到他一會兒工夫就投相反的票，並給一項法令附加一條廢止條款。比如，先通過一項議案剝奪僱主選擇和解僱工人的權利，然後又附加一條可以廢除這項議案的條款。

這也是緣何在每屆立法會議上，有的內閣意見非常固定，而有的卻遲疑不定。總之，由於普遍問題數量眾多，因此議而不決十分常見。這種懸而不決源於對選民的一貫畏懼，因為他們的潛在暗示始終會抵消領袖的影響。

不過，當議員們沒有過多先入之見時，在眾多討論中真正處於主導地位的依然是那些領袖。

領袖的必要性顯而易見，因為在每個國家都可以看到他們以群體首領的名義存在。他們是議會真正的主宰。群體離開主人便無所適從，因此議會的表決通常只代表少數人的意見。

領袖很少靠他們的推理施加影響，而更多是靠他們的聲望。這裏最好的證據就是，一旦因某種情況名譽掃地，他們就不再具有任何影響。

這些領袖的聲望屬於個人，與頭銜或地位無關。在談到一八四八年國民議會中的那些大人物時，作為成員之一的儒勒．西蒙先生為我們提供了十分有趣的例證：

大權在握兩個月之前，路易．拿破崙仍是無名之輩。

維克多．雨果[6]登上發言席。他的演說未獲成功。人們聽他講話，就像聽菲里克斯．皮亞[7]一樣，掌聲不太熱烈。「我不喜歡他的思想，」沃拉貝勒[8]在談到皮亞對我說，「不過他是法國最偉大的作家之一，也是最偉大的演說家。」埃德加．基內[9]可謂稟賦異常、智力超強，卻絲毫不受重視。在召開議會前，他還有些名氣；但在議會上，他卻籍籍無名。

政治議會是世界上才華最無從彰顯的地方。在那裏人們只注重適逢天時地利的滔滔辯才，不在乎為祖國服務，而是為黨派服務。要讓人們對一八四八年的拉馬丁[10]以及一八七一年的梯也爾表示敬意，就必須以迫切的眼前利益刺激他們。危險過後，人們既不會感激，也不會害怕。

我引用以上段落，是要突顯裏面包含的事實，而非它提供的解釋，因為解釋所用的心理學過於庸俗。一旦把對祖國或黨派的效忠歸功於領袖，一個群體便會立即喪失它的群體特徵。群體服從領袖是屈於他的聲望，當中不摻雜任何利益或感激之情。

因此，只要領袖享有足夠的聲望，他就幾乎擁有絕對的權力。大家也都知道一位知名議員[11]在許多年間，憑借個人聲望曾產生過巨大的影響，最近卻因某些金融事件在選舉中敗北。過去他給個手勢，內閣部長就會垮台。一位作家用以下幾句話就清晰地說明他的影響範圍：

> 正是這位X先生，讓我們為東京[12]花費了比原先多三倍的慘重代價，我們在馬達加斯加[13]也沒站穩腳跟，在尼日爾南部我們被搶走了整個王國，在埃及我們喪失了原有的主導優勢[14]。X先生的理論讓我們丟失的領土，比拿破崙一世慘敗的損失還大。

對於上述這位領袖，也不應過於埋怨。他確實讓我們損失慘重，但他的大部份影響也是因為順應民意而已；而在殖民地問題上，當時民意完全不像今天這樣。領袖很少超越民意，他幾乎從來只會順應民意，並贊同他們的所有錯誤。

除聲望之外，領袖的勸說手段也具有我們之前多次列舉的那些因素。若想巧妙地運用這些手段，領袖必須（至少無意識地）洞悉群體的心理，並懂得如何跟他們講話。他尤其需要明白詞彙、套話和形象的奇妙影響。他應當具備獨特的辯才，這包括斷言堅定有力、撇除所有證據、形象讓人印象深刻、推理極為扼要。這類辯才在所有議會中都可以看到，其中包括英國議會，儘管它在所有議會當中最為慎重。

「我們經常可以讀到，」英國哲人梅因[15]說，「下議院發生爭吵時，當中整個辯論的交鋒無非乏弱不堪的泛話和個人激烈的言辭。對於純粹民主的想像，這類浮泛的套話可以施加神奇的效果。以動聽詞藻表述的浮泛論斷始終易於被群體接受，即便這些論斷還從未被證實，或許根本就無從證實。」

上面引文中提及「動聽詞藻」，其重要性如何誇大都不為過。我們曾多次強調詞語和套話特有的力量，在選詞造句時必須要讓它們喚起生動的形象。下面這句話摘自一位議會領袖的演説，為此提供了絕佳的例證：

某一天，當一艘船載着道德腐化的政客和為非作亂的兇犯駛向熱病肆虐的流放地，他們會攀談起來，好像彼此是同一社會互補的兩面。

由此喚起的形象清晰可見，演説者的所有對手都感到其中的威脅。他們突然看到，一片熱病肆虐的土地和一艘可能運送他們的大船，因為他們不也有可能屬於那類定義不明且遭受脅迫的政客嗎？他們感受到國民公會成員理應體驗過的巨大恐懼，羅伯斯比爾用含混之辭以斷頭台相威脅，他們在這種恐嚇之下，始終向他作出讓步。

滿口浮誇之言只會對領袖有利。我剛才引述的那位演説家，他完全可以在不招致強烈抗議的前提下，斷言銀行家和神父資助過炸彈襲擊分子，而大型金融公司的管理層應受到與為非作亂者同樣的懲罰。類似的斷言永遠會對群體產生影響。斷言如何激烈都無妨，聲明再有威脅亦不過。沒有甚麼能比這種辯術更能威懾聽眾。在抗議的同時，他們也害怕被當作叛徒或同謀對待。

正如我剛才所言，這種特殊的辯術歷來盛行於所有議會，而且它的作用在關鍵時期會更加明顯。從這個角度看，大革命時期公會上那些偉大演説家的講話，讀起來就十分有趣。每時每刻，他們都認為必須停下來譴責罪惡、弘揚美德，然後破口咒罵暴君，發誓無自由毋寧死。與會者站起來，熱烈地鼓掌，肅靜後又坐下。

有時領袖也會才智出眾、學識淵博，但這對他而言基本上有害無益。在闡明事物的複雜性時，如果允許解釋以促進理解，智力總是讓人過於寬容，並極大地削弱從眾所需信念的強烈程度。在所有的時代，尤其是大革命時期，偉大領袖都十分偏狹；但正是那些最偏狹的領袖，卻可以產生最大的影響。

他們當中最著名的羅伯斯比爾，其演說經常因缺乏條理而令人吃驚。如果只去讀這些演說稿，人們完全無法解釋這位大權在握的獨裁者影響竟如此巨大：

> 陳詞濫調、冗餘囉嗦、教學腔調、拉丁模式，只能用來糊弄幼稚而貧乏的頭腦。不論攻擊還是辯護，似乎都只限於對小學生說的那句「來吧」。沒有思想、沒有轉承、沒有詼諧，讓人厭煩至極。當結束這種乏味的閱讀，人們會不禁發出和藹的德穆蘭[16]那樣的嘆息。

強烈的信念和頭腦的極端偏狹，居然能讓享有聲望的人坐擁大權，想到這點不禁讓人心驚膽戰。然而，也只有滿足這種條件，才能無視所有障礙，並懂得意志的堅強。從這些精力旺盛、信仰堅定的個體當中，群體會本能地找到他們始終需要的主人。

在議會上，一次演說的成功幾乎只取決於發言者的聲望，而非他所提出的理由。這方面最好的證明便是：當一個演說者由於某種原因失去聲望，他同時就會失去一切影響，也即他隨意主導選票的權威。

對於一位無名的演說者，即使講稿言之有理，但單憑這些道理，人們也只是聽聽而已。議員德索布[17]先生，一位富有遠見卓識的心理學家，最近用以下這段話描述一個沒有聲望的議員：

他走上發言台，從公文包裏掏出講稿，依次擺在自己面前，然後自信地開始發言。

他以為能把令他振奮的信念傳達給聽眾。他再三強調自己的論證；他充份羅列數字和證據；他深信自己很有道理。在他引述的證據面前，任何反對將毫無用處。他開始發言，不僅對自己的工作信心滿懷，而且相信同事也會認真聆聽，認為他們肯定只會贊同真理。

他剛開始發言，就驚訝地發現大廳裏出現騷動，裏面的噪雜讓他多少有些惱怒。

為何不能保持安靜呢？為何大家如此不專心？那些交頭接耳的人在想些甚麼？甚麼要緊的事讓那個議員離開座位？

一絲不安掠過他的臉面。他皺起眉頭，停了下來。在議長的鼓勵下，他提高嗓門繼續發言。但聽者卻越來越少。他加重語氣，激動起來。周圍的噪聲越來越大，他連自己的聲音也聽不到。於是，他又停了下來，由於擔心自己的沉默會招來可怕的叫喊：「休會！」他又繼續講下去。喧鬧聲變得難以忍受。

當議會團體達到某種興奮程度，它就變得與普通異質群體完全一樣，並始終表現出情感極端的特點。人們看到他們要麼成就英雄主義壯舉，要麼做出罪孽滔天的惡行。個體不再是他自己，二者相似之處如此之少，以至於他會投票通過完全有悖個人利益的法案。

法國大革命的歷史表明議會能在多大程度上喪失自我意識，並遵從與他們的利益完全相悖的建議。對貴族階級而言，放棄他們的特權是一個巨大的犧牲，但在「制憲會議」那個著名的夜晚，他們卻毫不猶豫地如此行事。對國民公會議員而言，放棄自己不可侵犯的權利便意味着永遠處在死亡威脅之下，但他們還是這麼做了，並且不懼自相殘殺。儘管他們非常清楚今天把同夥送上斷頭台，明天可能就會輪到自己；然而，他們已經進入我之前描述的那種完全不由自主的狀態，任何顧慮都無法阻止他們屈服於那些衝昏頭腦的暗示。俾約－瓦倫[18]是他們中的一位，以下摘自他回憶錄的這段話，極為典型地說明了這一點：「這些令我們深受譴責的決議……」他說，「就在兩天前，甚至一天前，我們也不想作出這種決定，正是危機激化了這種局面。」沒有比這更好的說法。

在國民公會所有情緒激昂的議會上，都可以看到同樣的無意識現象。

「他們贊同並批准自己痛恨的法令，」泰納說，「這不僅愚蠢和瘋狂，而且是在犯罪、濫殺無辜、戕害朋友。全體一致同意，在極其熱烈的掌聲中，左派聯合右派，將他們的天然首領、這場大革命的主要發動者和領導人丹東送上了斷頭台。全體一致同意，在極其熱烈的掌聲中，右派聯合左派，投票通過了革命政府最糟糕的法令。全體一致同意，在熱情洋溢的讚揚聲中，在對科洛．德布瓦[19]、庫東[20]和羅伯斯比爾的熱烈擁護中，國民公會多次隨意改選並最終維持殺人成性的政府不變。平民派憎惡它，是因為它殺人成性；山嶽派憎惡它，是因為它草菅人命。平民派和山嶽派，多數派和少數派，最後都同意為他們的自殺出力。牧月二十二日，整個國民公會引頸受戮；熱月八日，在羅伯斯比爾發言才一刻鐘後，國民公會再次自我毀滅。」

這幅畫面看似恐怖，卻極為逼真。在受到足夠的刺激和蠱惑之後，議會就會表現出同樣的特徵。它會變成性情多變的羊群，完全聽任衝動的支配。以下這段有關一八四八年議會的描述甚為典型，它出自議員斯普勒[21]先生之手，人們毫不懷疑他的民主信仰，我從《文學雜誌》上轉引如下。人們從中可以看出我針對群體描述的所有誇張情感，由於這種多變特性在轉瞬之間就出現截然相反的情感。

分裂、嫉妒、猜疑與盲目信仰和無限期望的不斷交替，最終導致共和黨徹底垮台。它的天真質樸與普遍懷疑不相上下。毫無司法意識，不懂紀律精神，只有無盡的恐懼和幻想：農民和兒童的表現正是如此。他們的冷靜不亞他們的焦躁，他們的野蠻堪比他們的溫馴。這種性格是未經歷練和缺乏教養的自然結果。沒有甚麼事情能讓他們驚愕，但任何事情都會讓他們慌亂。戰慄、膽怯、無畏、豪邁，他們雖敢赴湯蹈火，卻又杯弓蛇影。

他們不顧事情的因果和關聯。他們忽而灰心喪氣，忽而鬥志昂揚，極易被驚慌左右，反應忽快忽慢，從來不會恰到好處。他們比流水善變，可映射各種顏色，呈現各種形狀。我們又能指望他們奠定甚麼樣的政府基礎呢？

我們剛才針對議會描述的所有這些特點，所幸它們並非經常出現。議會只在某些時刻才變為群體。在大多數情況下，組成議會的個體都能保持自己的個性，這也是緣何議會可以制定十分出色的法律。誠然，這些法律是由專家在自己安靜的書房中擬定，所以表決通過的法律其實是個人的作品，而非議會團體的產物。這些法律自然也是最好的。只有經過一系列修正，不幸將它們變成集體產物，它們才會成為禍害。群體的作品始終比個人獨立作品低劣。正是專家來決定議會不會通過那些條理混亂且難以實行的法案。因此，他們一時成了領袖。議會不會影響他，而他可以影響議會。

儘管議會運作起來困難重重，但它仍然是人們業已找到的最佳統治方式，而且它尤其可讓人們盡力擺脱個人專制的枷鎖。議會無疑是理想的統治模式，至少對哲學家、思想家、作家、藝術家和學者如此，換言之對處於文明頂端的所有人群來説如此。

不過，議會可導致兩種嚴重危險，一是不可避免的財政浪費，二是對個人自由的逐步限制。

第一種危險是選民群體苛求過多和缺乏遠見的必然結果。如果一位議員提出一項明顯符合民主理念的議案，比如保證所有工人都有退休金、提高鐵路工人或小學教師待遇，其他議員由於害怕選民，則不敢露出無視他們利益的神色去反對這項提案。然而，他們清楚這會增加預算負擔，並必然要求設立新的税種。對他們來説在表決時有所遲疑絕無可能。增加開支的後果以後才會顯現，而且不會給他們帶來多少不利影響。相反，下次等他們在競選中面對選民時，否決的後果就會清楚地浮現出來。

除增加開支的第一個原因外，還有另一個同樣強制的原因，即必須批准確保地方利益的開支。對此議員無從反對，因為這代表着選民的要求，而且每位議員要想為自己的選區爭取所需開支，就必須在同僚的類似要求面前讓步。[22]

剛才所言的第二個危險，即議會對自由的必然限制，表面上不太明顯，其實卻尤為真切。這是無數限制性法律導致的結果，而議會由於思維簡單看不清楚後果，所以認為必須得表決通過。

這種危險確實難以避免，即便英國也無從幸免，儘管那裏的議會體制最為完善，議員在最大程度上與選民保持獨立。赫伯特·斯賓塞在一本很久以前的著作中就曾指出，表面自由的增加必然伴隨着真正自由的減少。他在自己的著作《人與國家》中又探討了這個主題，並針對英國議會表達了自己的看法：

> 自這個時代起，立法便沿着我所說的方向發展。迅速增加的專制議案不斷限制個人自由，這表現在以下兩個方面。制定的那些規章，其數量逐年增加，不僅對過去完全自由的行為加以限制，而且還強迫他履行過去可以自願從事的行為。同時，公共負擔尤其是地方負擔日益沉重，在降低公民隨意支配收入份額的同時，又增加徵稅份額供公職人員任意開支，由此逐步限制他的自由。

這種對自由的逐步限制，在每個國家都以一種特殊的形式表現出來，而斯賓塞並未加以指出：一系列立法措施的制定，基本上都具有限制性，這必然導致執行公務人員在數量、權力和影響上的增加。由此，他們正逐步成為文明國家的真正主人。在權力不斷更迭的過程中，唯有行政階層免受變故之苦，唯有他們無須承擔責任、不受個人情感影響並且將永遠存在下去。在所有專制統治當中，沒有任何形式比具有三重特點的這種專制更為深重。

不斷制定限制性法律和規章，以條條框框來嚴格約束生活中最無足輕重的行為，這必然導致公民自由活動空間逐漸變窄。民眾以為如果制定更多法律，便可以更好地保障自由與平等。他們成為這種虛幻的犧牲品，於是每天都得接受更加沉重的枷鎖。

然而，他們接受這些枷鎖也並非無患。在習慣於承受這些束縛之後，他們很快便去自尋枷鎖，並喪失一切主動和一切活力。那時，他們無非虛幻的影子、被動的木偶，毫無意願、毫無抵抗、毫無力量。

不過，人如果在自己身上找不到動力，必然被迫從其他地方尋找。隨着公民日漸麻木和無能，政府的作用必須得以加強，而它就必須具備個人缺失的那種主動、實幹和引導精神。這就要求政府要承擔一切、領導一切、保護一切。國家於是變成全能的上帝。但經驗告訴我們，這種上帝的權力既難以持久，也不會太過強大。

儘管外在的許可給人造成擁有自由的假象，但對某些人群一切自由的逐步限制，似乎不僅是民族衰老的結果，更是政體衰老的結果。它是這個衰落階段的不祥徵兆之一，迄今為止任何文明都無從逃脫。

根據歷史的教訓以及四處凸顯的徵兆加以判斷，我們的多個現代文明都已步入衰亡前極度沒落的時期。有些演變似乎對所有民族都難以幸免，因為我們看到歷史經常會不斷重演。

要概括文明演變的這些普遍階段十分容易，這裏我就通過以下簡述來結束本書。這寥寥幾筆或許多少可以闡明群體當前掌權的原因。

* * *

如果從大體上去審視之前那些文明輝煌與衰敗的原因，我們從中會發現甚麼？

在這些文明誕生之初，來源不同的一群人，由於遷徙、侵略和征戰偶然聚集在一起。他們血緣不同，語言和信仰亦不同，這夥人之間唯一的共同紐帶便是首領制定的半成文法令。在這些混雜的團體中，群體的心理特徵表現尤其顯著。他們具有暫時團結、英勇、軟弱、衝動和暴虐的群體特徵。在他們身上，沒有甚麼是固定的。他們是野蠻人。

接着，時間會造就自己的作品。相同的環境、不斷的通婚和公共生活的必要性都在緩慢發揮作用。不同的團體開始融合形成一個種族，即一個擁有共同特徵和情感的群體，遺傳機制逐漸將種族固定下來。群體成為一個民族之後，才能擺脫野蠻狀態。

然而，只有經過長期的努力、反覆不斷的鬥爭以及無數次的嘗試，它才能走出野蠻狀態，並獲得一種理想。這種理想是甚麼並不重要，不管是崇拜羅馬、雅典的強盛或真主的勝利，它足以讓處於形成階段的種族包含的所有個體在情感和思想上實現完全的統一。

這時，一種全新的文明才會誕生，它的制度、信念和藝術由此建立。在夢想的指引下，這個種族逐漸成就一切使之輝煌、強盛和偉大的功業。或許，它有時仍是烏合之眾，但在變化不定的群體特徵背後，作為穩固基底的種族精神終將出現，後者嚴格限定民族的變化範圍，並對偶然因素加以控制。

不過，在完成創造使命之後，時間又開始毀滅，不論是神還是人都無從幸免。在達到一定的強盛和複雜水平後，文明便止步不前。一旦不再發展壯大，它注定要迅速衰敗。不久，大限將至。

這個不可避免的時刻，始終以理想的衰亡為標誌，而理想是種族精神的支柱。隨着理想的日益衰敗，那些在它的啟發之下建立的宗教、政治或社會大廈便開始坍塌。

隨着理想的逐漸消亡，種族也日益喪失使之團結、統一、強大的特質。個體的個性和智力可能有所增長，但同時種族的集體意識卻被過度發展的個人自我意識取代，並伴有種族特徵的衰退和行動能力的減弱。以前形成的一個民族、一個統一體、一個整體，最終變成一個缺乏凝聚力的個體集合，只能由傳統和制度人為地維持一段時間。這時，因個人利益和訴求不同而分化的民眾，不再懂得如何自我治理，在無足輕重的行動上也要求有人領導，此時國家就要發揮出引人注目的影響。

隨着古老理想的徹底隕落，種族最終徹底喪失自己的靈魂。它再次淪為一幫孤立的個體，重新回到自己的起點：烏合之眾。它具有群體所有的暫時特徵，既缺乏統一，也沒有未來。文明毫無穩固可言，於是只能隨波逐流。大眾統治，野蠻盛行。

文明或許看似依然光彩奪目，因為它擁有漫長歷史鑄造的鮮亮外表，但其實它是一座岌岌可危的大廈，已經毫無支撐，風暴來襲就會立刻傾覆。

因追逐夢想而從野蠻步入文明，當夢想喪失力量便走向衰亡，這正是一個民族的生命歷程。

註釋：

[1] 吉倫特派（Girondin），法國大革命時期主要由工商業資產階級構成的政治派別，主張廢除君主制、建立共和制。一七九二年八月十日，巴黎民眾攻佔王宮後，國王路易十六退位；九月二十二日，法蘭西第一共和國建立，吉倫特派執政後打擊封建勢力，迫害雅各賓派成員。一七九三年五月三十一日，巴黎人民推翻了吉倫特派的統治，多名領袖被捕。一七九四年七月二十七日「熱月政變」後，吉倫特派殘餘回歸國民公會，成為熱月黨人骨幹。——譯者

[2] 山嶽派（La Montagne），法國大革命時期以羅伯斯比爾和丹東為首的左派，與吉倫特派為敵，主張激進，尤其得到小資產階級的支持，與巴黎雅各賓俱樂部關係緊密。一七九三年，吉倫特派被推翻後，山嶽派執政國民公會。「熱月政變」後，山嶽派有的被處決，有的被從國民公會驅除。——譯者

[3] 熱月黨人（Thermidorien），法國大革命中由資產階級暴發戶組成的派別，執政後實行丹東派的主

張，廢除限制和打擊資產階級的政策，從而走出恐怖時期的束縛。一七九四年雅各賓派領袖羅伯斯比爾被處決後，熱月黨人開始統治時期。——譯者

[4] 狄摩西尼（Demosthenes, 384 BC-322 BC），古希臘政治家、演說家，曾任聯軍統帥。——譯者

[5] 以下一位英國資深議員的想法，或許同樣符合這種出於選舉需要事先確定且無從改變的觀點：「我在威斯敏斯特五十年來，聽過幾千場演說，但沒幾個能改變我的看法，更沒有一個能改變我的投票。」

[6] 維克多·雨果（Victor Hugo, 1802-1885），法國文豪，一八五一年拿破崙三世上台後被流放海外達十九年之久，代表作有《巴黎聖母院》（一八三一）、《悲慘世界》（一八六二）等。——譯者

[7] 菲里克斯·皮亞（Félix Pyat, 1810-1889），法國記者、劇作家、政治家，巴黎公社重要人物，大力倡導激進思想。——譯者

[8] 沃拉貝勒（Achille Tenaille de Vaulabelle, 1799-1879），法國記者、教育家，一八四八年擔任公共教育部長後強調行業檢查，重視歷史和語言教學。——譯者

[9] 埃德加·基內（Edgar Quinet, 1803-1875），法國歷史學家、思想家，一八四八年入選議會，反對教權政治，主張政教徹底分離。——譯者

[10] 阿爾封斯·德·拉馬丁（Alphonse de Lamartine, 1790-1869），法國浪漫主義詩人、社會活動家、政治家。大革命時期，他作為保皇黨被捕。波旁王朝復辟後步入政壇，曾在一八二五—一八二八年期間出使意大利，一八二九年當選法蘭西學院院士。——譯者

[11] 此處指喬治·克列孟梭（Georges Clemenceau, 1841-1929），法國政治家，曾任法蘭西第三共和國總理，其漫長的政治生涯與歐洲歷史上多次重大政治事件緊密相連。——譯者

[12] 東京（Tonkin），越南北部地區，法國在一八八三—一八八六年期間曾在此發動戰事。——譯者

[13] 為掠奪非洲，法國曾分別於一八八三年和一八九四年兩次遠征馬達加斯加（Madagascar）島。——譯者

[14] 一七九八年，拿破崙入侵埃及建立殖民地，但隨着反法同盟的干涉，英國也乘機加入瓜分埃及之列。此後近百年，埃及始終處於英法兩國的權利交割之中。——譯者

[15] 亨利·梅因（Henry Maine, 1822-1888），英國法學家、歷史學家，著有《古代法》（一八六一）、《早期制度史》（一八七五）和《大眾政府》（一八八五）等。——譯者

[16] 德穆蘭（Camille Desmoulins, 1760-1794），法國政治家、演説家，大革命期間贊成共和制，主張處死國王路易十六，後因與羅伯斯比爾政見不合而被送上斷頭台。——譯者

[17] 德索布（Descubes, 1853-1936），法國政客，在一八九三—一八九八年期間擔任法國科雷茲省議員，退出政壇後曾擔任奧委會副主席之職。——譯者

[18] 俾約–瓦倫（Billaud-Varenne, 1756-1819），法國律師，大革命期間山嶽派議員，曾擔任國民公會主席。——譯者

[19] 科洛·德布瓦（Collot d'Herbois, 1749-1796），法國劇作家、政治家，大革命期間山嶽派議員，一七九六年被流放至法屬圭亞那後去世。——譯者

[20] 庫東（Georges Couthon, 1755-1794），法國律師、政治家，大革命期間立法委員會議員，於一七九四年七月二十八日與羅伯斯比爾等人一起被送上斷頭台。——譯者

[21] 斯普勒（Jacques-Eugène Spuller, 1835-1896），法國律師、作家、政客，曾先後擔任政府議員、教育部長、外交部長等職。——譯者

[22] 一八九五年四月六日《經濟學家》刊登了一篇有趣的文章，評述因為競選利益需要而在一年之內造成的開支，尤其是建設鐵路的支出金額。為連接山城朗蓋耶（三千名居民）和普伊，表決通過建設一條耗資一千五百萬法郎的鐵路；為連接博芒特（三千五百名居民）和卡斯特爾薩拉金，耗資七百萬；為連接奧斯特（五百二十三名居民）和塞克（一千二百名居民）兩村，耗資七百萬；為連接普拉德和奧萊特鎮（七百四十七名居民），耗資六百萬；諸如此類。僅一八九五年，就表決通過九千萬法郎建設與公共利益無關的地方鐵路。其他出於選舉需要造成的開支同樣不可小覷。據財政部長的說法，針對工人退休的法律通過後，每年至少需要一萬六千億法郎的支出，而按勒魯瓦布羅院士的說法則是八億法郎。顯然，這種開支的不斷增加必定會造成破產。歐洲許多國家，如葡萄牙、希臘、西班牙、土耳其等，已經走到這個地步；其他國家，如意大利等，也將很快就陷入這種絕境。對此也無須過度擔心，因為這些國家的民眾未有太多反抗，已經逐漸接受削減五分之四的債券票息。這種奇妙的破產手段，瞬間又使損失慘重的財政預算恢復收支平衡。此外，戰爭、社會主義和經濟競爭也給我們帶來諸多其他的災難。在我們進入的這個分崩離析的時代，應當安於現狀，活一天是一天，而無須過度關注不屬於我們的明天。

天地外國經典文庫

①**到燈塔去**
［英］弗吉尼亞・伍爾夫 著　瞿世鏡 譯

②**鼠疫**
［法］阿爾貝・加繆 著　劉方 譯

③**動物農場**
［英］喬治・奧威爾 著　榮如德 譯

④**人間失格**（附《女生徒》）
［日］太宰治 著　竺家榮 譯

⑤**美麗新世界**
［英］奧爾德斯・赫胥黎 著　陳超 譯

⑥**都柏林人**
［愛爾蘭］詹姆斯・喬伊斯 著　王逢振 譯

⑦**局外人**
［法］阿爾貝・加繆 著　柳鳴九 譯

⑧**月亮和六便士**
［英］威廉・薩默塞特・毛姆 著　傅惟慈 譯

⑨**柏拉圖對話集**
［古希臘］柏拉圖 著　戴子欽 譯

⑩**愛的教育**
［意］埃德蒙多・德・亞米契斯 著　夏丏尊 譯

⑪**一九八四**
［英］喬治・奧威爾 著　董樂山 譯

⑫**老人與海**
［美］歐內斯特・海明威 著　李育超 譯

⑬ **泰戈爾散文詩選集**
［印度］羅賓德拉納特・泰戈爾 著　吳岩 譯

⑭ **荷風細語**
［日］永井荷風 著　陳德文 譯

⑮ **流動的盛宴**
［美］歐內斯特・海明威 著　湯永寬 譯

⑯ **最後一片葉子**
［美］歐・亨利 著　黃源深 譯

⑰ **面紗**
［英］威廉・薩默塞特・毛姆 著　張和龍 譯

⑱ **漂泊的異鄉人**
［英］D・H・勞倫斯 著　劉志剛 譯

⑲ **莎士比亞十四行詩集**
［英］威廉・莎士比亞 著　馬海甸 譯

⑳ **變形記**
［奧］弗蘭茨・卡夫卡 著　謝瑩瑩等 譯

㉑ **羅生門**
［日］芥川龍之介 著　林少華 譯

㉒ **烏合之眾**
［法］古斯塔夫・勒龐 著　陸泉枝 譯

㉓ **一生**
［法］莫泊桑 著　盛澄華 譯

www.cosmosbooks.com.hk

書　　名　烏合之眾——群體心理學（Psychologie des Foules）
作　　者　古斯塔夫・勒龐（Gustave Le Bon）
譯　　者　陸泉枝

責任編輯　陳幹持
美術編輯　郭志民
出　　版　天地圖書有限公司
香港黃竹坑道46號
新興工業大廈11樓（總寫字樓）
電話：2528 3671　傳真：2865 2609
香港灣仔莊士敦道30號地庫（門市部）
電話：2865 0708　傳真：2861 1541
印　　刷　美雅印刷製本有限公司
香港九龍官塘榮業街 6 號海濱工業大廈4字樓A室
電話：2342 0109　傳真：2790 3614
發　　行　香港聯合書刊物流有限公司
香港新界荃灣德士古道220-248號荃灣工業中心16樓
電話：2150 2100　傳真：2407 3062
出版日期　2021年3月／初版

ISBN ： 978-988-8549-50-4
本書譯文由上海譯文出版社有限公司授權繁體字版出版發行